Galutinis dribsnių ir skanių kruasanų gaminimo namuose vadovas

Išsamus dribsnių, sviestinių kruasanų gaminimo namuose vadovas su 100 lengvai įgyvendinamų receptų ir metodų pradedantiesiems ir ekspertams

Stefa Petrauskienė

TURINYS

PIKŪNŪS ĮDARAI 208

IŠVADA 227

ĮVADAS

Ar esate sviestinio, dribsnių skonio raguolių gerbėjas? Svajojate įvaldyti kruasanų gaminimo meną savo virtuvėje? Ieškokite Croissant Perfection! Ši kulinarijos knyga yra jūsų geriausias vadovas, kaip sukurti puikius raguolius nuo pradžios iki pabaigos.

Su išsamiomis nuosekliomis instrukcijomis ši knyga išmokys jus gaminti lengvus, erdvius ir kvapnius raguolius. Nuo klasikinių sviestinių raguolių iki pikantiškų patiekalų, pavyzdžiui, kumpio ir sūrio raguolių – šioje knygoje yra viskas.

Tačiau tai ne tik apie pačius raguolius – šioje knygoje taip pat pateikiami receptai, kaip pasigaminti naminio sviesto, taip pat kitų prancūziškų kepinių, tokių kaip pain au chocolat ir brioche. Be to, rasite patarimų ir gudrybių, kaip pasiekti tobulą dribsnių tekstūrą ir gražiai sluoksniuotą pyragą.

Nesvarbu, ar esate patyręs kepėjas, ar tik pradedate verslą, „Croissant Perfection" yra geriausias šaltinis raguolių sėkmei pasiekti. Su šia kulinarijos knyga nustebinsite draugus ir šeimos narius savo skaniais ir įspūdingais kūriniais. Taigi griebkite kočėlą ir pasiruoškite tobulinti raguolių gaminimo meną!

Raktiniai žodžiai: kruasanai, prancūziški pyragaičiai, naminis sviestas, dribsniai, kepimas, būdai, patarimai, pikantiškas, saldus, sluoksniuotas, sviestinis, įspūdingas, receptai, vadovas, galutinis, sėkmė, tobulumas, detalus, žingsnis po žingsnio, klasika, kumpis ir sūris, skausmas ar šokoladas, brioche, šaltinis, skanus, kepimo žaidimas, pakelkite!

PAGRINDINIAI RECEPTAI

1. Pagrindiniai kruasanai

Gaminiai: 10

INGRIDIENTAI

- ¾ puodelio plius 1 valgomasis šaukštas nenugriebto pieno
- 2 arbatiniai šaukšteliai tirpių mielių
- 2⅔ puodeliai universalių miltų (arba T55 miltų) ir papildomai formavimui
- 1 valgomasis šaukštas plius 1½ arbatinio šaukštelio (20 gramų) granuliuoto cukraus
- 2 arbatiniai šaukšteliai košerinės druskos
- 1 puodelis nesūdyto sviesto, kambario temperatūros, padalintas
- 1 didelis kiaušinis

INSTRUKCIJOS

a) Paruoškite tešlą: Vidutiniame dubenyje sumaišykite pieną ir mieles, tada suberkite miltus, cukrų, druską ir sviestą ir maišykite, kol susidarys puri tešla. Išverskite tešlą ant švaraus stalo ir minkykite 8–10 minučių (arba perkelkite į stovintį maišytuvą ir minkykite 6–8 minutes mažu greičiu), kol ji taps lygi, elastinga ir elastinga.

b) Jei minkote rankomis, grąžinkite tešlą į dubenį. Uždenkite rankšluosčiu ir palikite 1 valandai arba kol padvigubės. (Šis laikas skirsis, priklausomai nuo jūsų virtuvės temperatūros.)

c) Išverskite tešlą ant švaraus stalo ir lengvai paspauskite iki 8 colių kvadrato. Apvyniokite plastikine plėvele ir šaldykite 1 valandą. Tai žinoma kaip tešlos blokas.

d) Tešlos blokas ir sviesto blokas turi būti panašios temperatūros ir konsistencijos, todėl būtina atšaldyti.

e) Po 30 minučių atšaldžius tešlos bloką, likusį ¾ puodelio (170 gramų) sviesto uždėkite ant pergamentinio popieriaus gabalo. Ant viršaus uždėkite papildomą pergamentinio popieriaus lapą ir kočėlu bei plastikiniu suoliuko grandikliu suformuokite sviestą į 6 x 8 colių stačiakampį. Pergamentinio popieriaus pakelį padėkite ant kepimo skardos ir perkelkite į šaldytuvą 15-20 minučių, kol sutvirtės, bet taps lankstus. Turėtumėte sugebėti sulenkti paketą, kad jis nesutrūktų į skeveldrą.

f) Kol formuosite tešlą, sviesto bloką atidėkite ant stalo. Taip bus užtikrinta tinkama temperatūra (ne per šalta) prieš dedant. Pabarstykite stalą ir tešlos viršų miltais ir susukite tešlos bloką į 9 x 13 colių stačiakampį. Nuvalykite miltų perteklių. Išvyniokite sviestą ir apverskite jį ant tešlos vidurio, kad jo kraštai beveik susiliestų su tešlos bloko kraštais. Viršutinę ir apatinę tešlos dalis užlenkite ant sviesto blokelio, susitikdami centre. Kruopščiai suspauskite vidurinę ir galines siūles. Temperatūra yra labai svarbi, todėl dirbkite greitai.

g) Pabarstykite stalą miltais ir pasukite tešlą taip, kad centrinė siūlė būtų nukreipta į jus. Tešlą iškočiokite pirmyn ir atgal, kad susidarytumėte 7 x 21 colio stačiakampį, atsargiai dirbdami, kad iš tešlos neišbėgtų sviestas. Jei sviestas prasiskverbia pro jį, suimkite tešlą, kad ji apsemtų, ir pabarstykite miltais. Prieš sulankstydami nuvalykite miltų perteklių.

h) Viršutinį tešlos trečdalį sulenkite link centro, tada apatinį tešlos trečdalį sulenkite virš centro, kad susidarytumėte raidžių lankstymas. Nuvalykite miltų perteklių.

i) Apvyniokite tešlą į plastikinę plėvelę ir atšaldykite 30 minučių.

j) Pakartokite 6 veiksmą, pradėdami nuo užlenkto tešlos krašto kairėje pusėje, iškočiokite tešlą į 7 x 21 colio stačiakampį ir sukurkite raidžių lankstymą. Dar kartą suvyniokite tešlą ir atšaldykite 45 minutes.

k) Pakartokite šį veiksmą dar kartą, tada suvyniokite tešlą ir šaldykite bent 1 valandą arba per naktį.

l) Formuokite ir kepkite: kepimo skardą išklokite kepimo popieriumi.

m) Pabarstykite stalą miltais ir iškočiokite tešlą į ¼ colio storio stačiakampį, maždaug 9 x 20 colių.

n) Pjovimo peiliu pažymėkite 4 colių dalis išilgai ilgosios pusės. Virėjo peiliu nupjaukite stačiakampį ties 4 colių žymėmis ir sukurkite penkias 4 x 9 colių dalis. Kiekvieną iš šių skyrių perpjaukite įstrižai, kad iš viso sukurtumėte 10 trikampių.

o) Lengvai ištempkite kiekvieno trikampio apačią, kad šiek tiek pailgintumėte.

p) Pradėdami nuo ilgosios pusės, iškočiokite trikampius, kad susidarytumėte raguolio formą.

q) Kai beveik pasieksite vyniotinio pabaigą, šiek tiek patraukite jo galiuką, kad jis pailgėtų, ir apvyniokite jį aplink raguolį, lengvai suimdami, kad užsandarintumėte. Kiekvieną raguolį dėkite ant paruoštos kepimo skardos su galiukais apačioje, kad neatsidarytų bandant ir kepant. Padėkite juos kelių colių atstumu vienas nuo kito.

r) Uždenkite dėklą plastikine plėvele ir palikite stovėti kambario temperatūroje nuo 1,5 iki 2,5 valandos. (Šis laikas skirsis, priklausomai nuo virtuvės temperatūros, bet ideali temperatūra yra 75°F–80°F.) Tikrinkite, kol pasieks zefyro konsistenciją ir padidės tūris. Jei tešlą subadysite, ji turėtų šiek tiek atšokti ir palikti įdubą.

s) Praėjus 1 valandai, įkaitinkite orkaitę iki 400 °F.

t) Nedideliame dubenėlyje išplakite kiaušinį su šlakeliu vandens ir konditeriniu šepetėliu aptepkite raguolius. Dar kartą nuvalykite juos šepečiu, kad gautumėte papildomo blizgesio.

u) Kepkite 30–35 minutes, kol kruasanai taps giliai auksinės rudos spalvos. Patiekite šiltą.

2. Klasikiniai kruasanai

INGRIDIENTAI

4 puodeliai universalių miltų
1/4 stiklinės cukraus
1 1/2 arbatinio šaukštelio druskos
2 1/4 arbatinio šaukštelio tirpių mielių
1 1/4 stiklinės šalto pieno
2 šaukštai nesūdyto sviesto, suminkštinto
2 1/2 lazdelių nesūdyto sviesto, atšaldyto ir supjaustyto plonais griežinėliais
1 kiaušinis išplaktas su 1 šaukštu vandens

INSTRUKCIJOS

Dideliame dubenyje sumaišykite miltus, cukrų, druską ir mieles.

Įpilkite šalto pieno ir 2 šaukštus minkšto sviesto ir maišykite, kol susidarys puri tešla.

Tešlą išverskite ant miltais pabarstyto paviršiaus ir minkykite apie 10 minučių iki vientisos ir elastingos masės.

Tešlą sudėkite į lengvai aliejumi pateptą dubenį, uždenkite plastikine plėvele ir šaldykite 1 valandą.

Ant miltais pabarstyto paviršiaus atvėsusias sviesto riekeles iškočiokite į stačiakampį. Tešlą užlenkite ant sviesto ir suglauskite kraštus.

Tešlą ir sviestą iškočiokite į ilgą stačiakampį. Sulenkite jį trečdaliais, kaip raidę.

Tešlą dar kartą iškočiokite ir lankstymo procesą pakartokite dar du kartus. Atvėsinkite tešlą 30 minučių.

Paskutinį kartą tešlą iškočiokite į didelį stačiakampį, tada supjaustykite trikampiais.

Susukite kiekvieną trikampį, pradėdami nuo plataus galo, ir suformuokite pusmėnulį.

Kruasanus dėkite ant išklotos kepimo skardos, aptepkite kiaušinio plakiniu ir leiskite pakilti 1 val.

Įkaitinkite orkaitę iki 400°F (200°C) ir kepkite raguolius 20-25 minutes, kol taps auksinės rudos spalvos.

3. Plunksnų duonos kruasanai

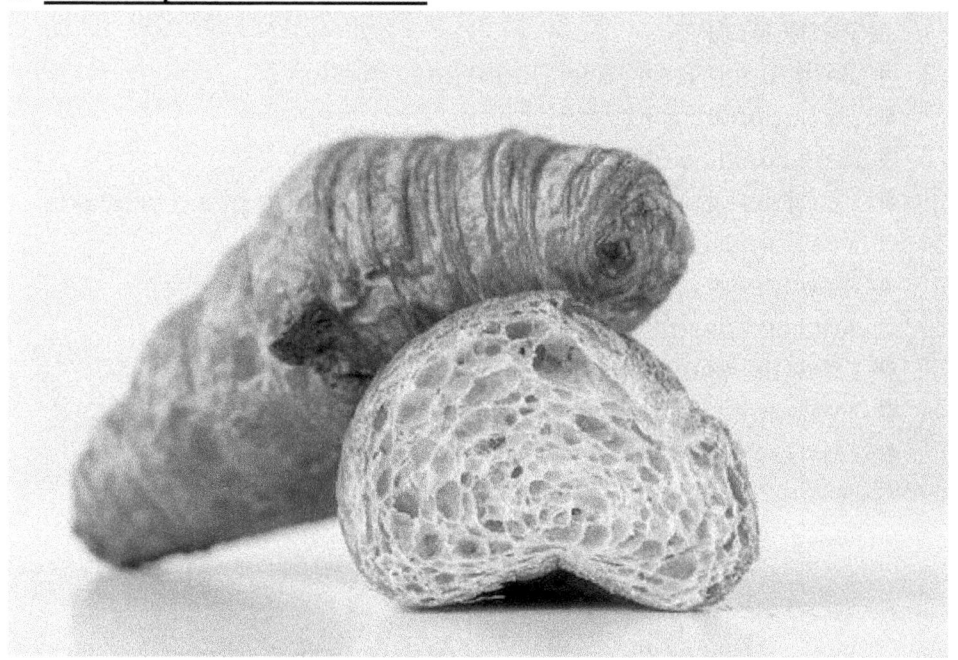

Padaro: 1 porcija

INGRIDIENTAI

- 2 arbatiniai šaukšteliai Duonkepės mielių
- 2¼ puodelio universalių miltų
- 2 arbatiniai šaukšteliai druskos
- 2 šaukštai greitai paruošiamų neriebių sausų pieno produktų
- 1 valgomasis šaukštas cukraus
- ⅞ puodelio vandens
- 4 uncijos nesūdyto sviesto
- 1 didelio kiaušinio; sumuštas su
- 1 valgomasis šaukštas vandens; stiklinimui
- 3 batonėliai (1,45 uncijos) pusiau saldaus šokolado

INSTRUKCIJOS

a) Į duonkepės keptuvę suberkite mieles, miltus, druską, sauso pieno daleles, cukrų ir vandenį ir sudėkite į mašiną. Apdorokite INGREDIENTUS ant tešlos nustatymo, kol jie gerai susimaišys, o sausi INGREDIENTAI neprilips prie keptuvės šonų, maždaug 10 minučių daugelyje mašinų.

b) Išmaišę tešlą, išjunkite aparatą ir leiskite tešlai pakilti, kol padvigubės, maždaug 1½ valandos.

c) Tuo tarpu sviesto lazdelę įdėkite tarp 2 plastikinės plėvelės arba vaškuoto popieriaus sluoksnių. Pirštais išlyginkite ir suformuokite sviestą į 6 colių kvadratą, kurio storis yra maždaug ⅓ colio. Atvėsinkite bent 15 minučių. Naudojant sviestą, jis turi būti daržovių sutrumpinimo konsistencijos. Jei ji bus per kieta, tešla suplyš; jei jis bus per minkštas, jis išsisuks iš šonų. Atitinkamai pašildykite arba atvėsinkite.

d) Kai tešlos tūris padidės dvigubai, išverskite ją ant gerai miltais pabarstyto paviršiaus. Miltais pabarstytomis rankomis tešlą įspauskite į 13 colių kvadratą. Atvėsusį sviestą išvyniokite ir įstrižai įdėkite į tešlos kvadrato centrą. Tešlos kampus uždėkite ant sviesto, kad jie susidurtų centre (jis atrodys kaip vokas). Paspauskite tešlos centrą ir kraštus, kad išlygintumėte ir užsandarinkite sviestą.

e) Lengvai miltais pabarstytu kočėlu iškočiokite tešlą į 18 x 9 colių stačiakampį. Nespauskite per stipriai. Jei tai padarysite, sviestas išsiskirs arba tešla plyš (jei plyš, tiesiog suimkite, kad pataisytumėte). Vieną 9 colių tešlos stačiakampio galą užlenkite ant vidurinio tešlos trečdalio. Sulenkite tai per likusį trečdalį.

f) Tešlą vėl iškočiokite į 18 x 9 colių stačiakampį. Sulenkite kaip anksčiau, kad susidarytumėte 3 sluoksnius ir sudėkite į plastikinį maišelį arba laisvai suvyniokite į plastikinę plėvelę. Tešlą 30 minučių padėkite į šaldytuvą, tada pakartokite kočiojimo, lankstymo ir atšaldymo procesą dar du kartus.

g) Po paskutinio lankstymo tešlą šaldykite per naktį.

h) Norėdami pjaustyti ir formuoti raguolius, tešlą perpjaukite per pusę. Vieną pusę apvyniokite plastiku ir grąžinkite į šaldytuvą, kol dirbsite su kita puse. Tešlą iškočiokite ant lengvai miltais pabarstyto paviršiaus iki 13 colių apskritimo.

i) Supjaustykite į 6 skilteles. Švelniai patraukite kiekvieno pleišto pagrindą iki maždaug 6 colių pločio, o kiekvieno pleišto ilgį iki maždaug 7 colių. Pradėdami nuo pagrindo, susukite pleištą. Padėkite raguolius, viršutiniu tašku apačioje, ant patvarios kepimo skardos.

j) Išlenkite ir nukreipkite pagrindinius taškus link centro, kad susidarytumėte pusmėnulį. Susukite ir suformuokite visus raguolius, padėkite juos 2 colių atstumu vienas nuo kito ant kepimo skardos.

k) Kruasanus lengvai aptepkite kiaušinių glaistu. Tada leiskite jiems kilti šiltoje vietoje, kol šviesiai ir pabrinks, maždaug pusantros valandos. Tuo tarpu įkaitinkite orkaitę iki 400 F. Prieš dėdami į orkaitę, kruasanus dar kartą aptepkite kiaušinių glaistu. Kepkite 15 minučių arba tol, kol jie bus auksinės rudos spalvos. Išimkite kruasanus iš kepimo skardos, kad atvėstų ant grotelių. Patiekite šiltą, su uogiene ar mėgstamu sumuštinių įdaru.

l) Paruoškite kruasanų tešlą, kaip nurodyta.

m) Perpjovę per pusę, kiekvieną pusę susukite į 14 x 12 colių stačiakampį ant lengvai miltais pabarstyto paviršiaus. Kiekvieną pusę supjaustykite į šešis 7 x 4 colių stačiakampius.

n) Supjaustykite tris 1,45 uncijos pusiau saldaus arba tamsaus šokolado plyteles, kad susidarytumėte 12 stačiakampių, kurių kiekvienas yra maždaug 3 x 1,5 colio. Įdėkite po vieną šokolado gabalėlį išilgai per vieną trumpą kiekvieno tešlos gabalėlio galą. Susukite, kad šokoladas visiškai apimtų, ir užspauskite kraštus, kad sustingtų. Sudėkite raguolius siūle žemyn ant didelės kepimo skardos.

o) Tęskite glazūravimą ir kepkite, kaip nurodyta.

4. Kruasanai grūduose

Padaro: 1 porcija

INGRIDIENTAI

- ¼ pintos drungno vandens
- 7 uncijos nesaldintas iš dalies nugriebtas kondensuotas pienas
- 1 uncija džiovintų mielių
- 2 uncijos nesūdyto sviesto; ištirpo
- 1 svaras grūdų miltų
- Žiupsnelis druskos
- 3 uncijos saulėgrąžų arba sojų margarino
- Pienas glazūrai

INSTRUKCIJOS

a) Sumaišykite vandenį su išgarintu pienu, tada sutrinkite šviežias mieles arba įmaišykite džiovintas mieles.

b) Sudėkite sviestą. Miltus persijokite su druska dideliame dubenyje, grąžindami grūdus iš sietelio į dubenyje esančius miltus.

c) Įtrinkite margariną į miltus, kol masė taps panaši į džiūvėsėlius.

d) Miltų centre padarykite duobutę, supilkite mielių mišinį ir gerai išmaišykite.

e) Tešlą padėkite ant lengvai miltais pabarstyto paviršiaus ir minkykite 3 minutes.

f) Tešlą grąžinkite į dubenį, uždenkite drėgnu rankšluosčiu ir palikite šiltoje vietoje maždaug 30 minučių kilti, kol padvigubės.

g) Jei kambario temperatūra šalta, kilimą galima pagreitinti naudojant mikrobangų krosnelę: uždengtą tešlą mikrobangų krosnelėje kepkite mikrobangų krosnelėje atspariame inde visu galingumu 10 sekundžių. Palikite tešlą 10 minučių pailsėti, tada pakartokite procesą du kartus.

h) Pusę pakilusios tešlos apverskite ant lengvai miltais pabarstyto paviršiaus ir iškočiokite į maždaug 5 mm (¼ colio) storio apskritimą. Aštriu peiliu tešlą supjaustykite į aštuonis trikampius segmentus. Dirbdami nuo išorinio krašto, kiekvieną segmentą susukite į vidurį. Kiekvieną gabalėlį sulenkite į pusmėnulį ir padėkite ant lengvai aliejumi pateptos kepimo skardos.

i) Uždenkite rankšluosčiu ir palikite padvigubinti.

j) Tuo tarpu įkaitinkite orkaitę iki Gas Mark 5/190C/375 F. Formavimo procesą pakartokite su kita tešlos puse.

k) Arba palikite likusią tešlą uždengtą šaldytuve iki 4 dienų ir naudokite, kai reikia šviežių kruasanų.

l) Kai kruasanai padvigubės, aptepkite juos pienu ir kepkite orkaitėje 15-20 minučių, kol pagels ir apskrus.

ŠOKOLADINIAI KRUOŠANAI

5. Šokoladiniai kruasanai

Padaro: 24 porcijos

INGRIDIENTAI

- 1½ puodelio sviesto arba margarino, suminkštinto
- ¼ puodelio universalių miltų
- ¾ puodelio Pieno
- 2 šaukštai Cukrus
- 1 arbatinis šaukštelis druskos
- ½ puodelio Labai šilto vandens
- 2 pakeliai aktyvių sausų mielių
- 3 stiklinės Miltų, nesijotų
- 12 uncijų šokolado traškučių
- 1 Kiaušinio trynys
- 1 valgomasis šaukštas Pienas

INSTRUKCIJOS

a) Su šaukštu išplakite sviestą, ¼ puodelio miltų iki vientisos masės. Paskleiskite ant vaškuoto popieriaus stačiakampiu 12x6. Atšaldyti. pašildykite ¾ puodelio pieno; įmaišykite 2 šaukštus cukraus, druskos, kad ištirptų.

b) Atvėsinkite iki drungnos. Vandenį apšlakstyti mielėmis; maišykite, kad ištirptų. Su šaukštu supilkite pieno mišinį ir 3 puodelius miltų iki vientisos masės.

c) Įjunkite lengvai miltais pabarstytą konditerijos audinį; minkyti iki vientisos masės. Leiskite pakilti uždengtą šiltoje vietoje, be skersvėjų, kol padvigubės – apie 1 val. Šaldykite ½ valandos.

d) Ant lengvai miltais pabarstyto konditerinio audinio iškočiokite į 14x14 stačiakampį.

e) Ant pusės tešlos uždėkite sviesto mišinį; nuimkite popierių. Užlenkite kitą pusę ant sviesto; suspauskite kraštus, kad užsandarintumėte. Sulenkdami dešinėje, sukite nuo centro iki 20x8.

f) Iš trumposios pusės sulenkite tešlą į trečdalius, sudarydami 3 sluoksnius; sandarinimo kraštai; atvėsinkite 1 valandą suvynioti į foliją. Sulenkdami kairėje, sukite iki 20x8; sulankstyti; atvėsinti ½ valandos. Pakartokite.

g) Atvėsinkite per naktį. Kitą dieną sukti; sulankstyti du kartus; atvėsinkite ½ valandos tarp. Tada atvėsinkite 1 valandą ilgiau.

h) Formavimas: tešlą supjaustykite į 4 dalis. Ant lengvai miltais pabarstyto konditerinio audinio susukite kiekvieną į 12 colių apskritimą. Kiekvieną apskritimą supjaustykite į 6 pleištus.

i) Pabarstykite skilteles šokolado drožlėmis – būkite atsargūs, kad aplink nepaliktų ½ colio paraštės ir neperkrautumėte drožlių. Susukite, pradedant plačiu galu. Suformuokite pusmėnulį. Padėkite tašką puse žemyn, 2 colių atstumu vienas nuo kito ant rudo popieriaus ant sausainių lapo.

j) Viršelis; leisti pakilti šiltoje vietoje, be skersvėjų, kol padvigubės, 1 val.

k) Įkaitinkite orkaitę iki 425 laipsnių. Aptepkite plaktu kiaušinio tryniu, įmaišykite į 1 šaukštą pieno. Kepkite 5 minutes, tada sumažinkite orkaitę iki 375; kepkite dar 10 minučių arba tol, kol kruasanai išsipūs ir paruduos.

l) Atvėsinkite ant grotelių 10 minučių.

6. Bananiniai ekleriniai kruasanai

Padaro: 4 porcijos

INGRIDIENTAI

- 4 Šaldyti kruasanai
- 2 kvadratėliai pusiau saldaus šokolado
- 1 valgomasis šaukštas sviesto
- ¼ puodelio išsijoto konditerinio cukraus
- 1 arbatinis šaukštelis karšto vandens; iki 2
- 1 puodelis vanilinio pudingo
- 2 vidutiniai bananai; pjaustytas

INSTRUKCIJOS

a) Šaldytus raguolius perpjaukite per pusę išilgai; išvykti kartu. Įkaitinkite šaldytus raguolius ant neteptos kepimo skardos, įkaitintoje iki 325 °F. orkaitėje 9-11 minučių.

b) Ištirpinkite šokoladą ir sviestą kartu. Įmaišykite cukrų ir vandenį, kad susidarytų tepamas glajus.

c) Ant kiekvienos kruasano apatinės pusės paskleiskite ¼ puodelio pudingo. Ant viršaus uždėkite pjaustytus bananus.

d) Pakeiskite raguolių viršūnes; aptepti šokoladiniu glaistu.

e) Tarnauti.

7. Tamsaus šokolado salyklo kruasanų duonos pudingas

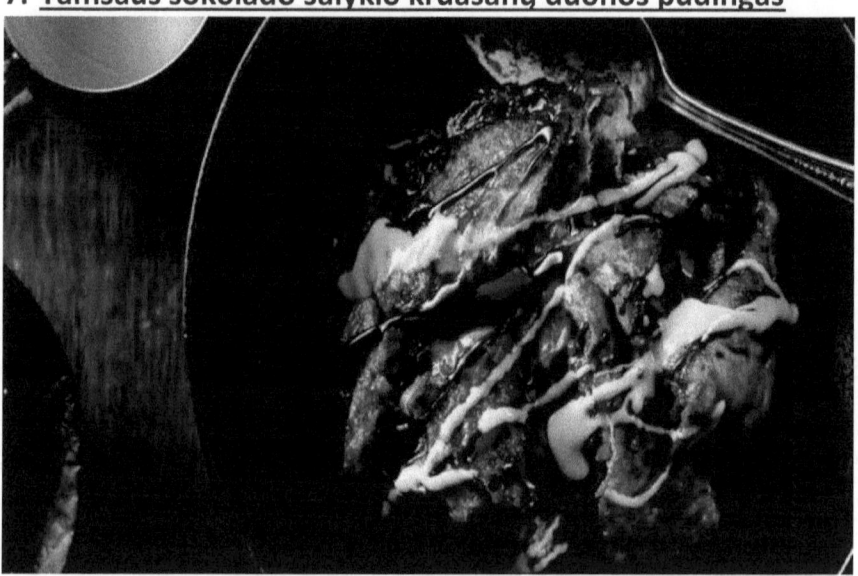

INGRIDIENTAI

6 dideli kruasanai, geriausia vienadieniai
3 puodeliai nenugriebto pieno
1 puodelis riebios grietinėlės
1/2 puodelio granuliuoto cukraus
4 dideli kiaušiniai
2 arbatiniai šaukšteliai vanilės ekstrakto
1/4 arbatinio šaukštelio druskos
1/2 puodelio tamsaus šokolado drožlių
1/4 puodelio salyklo pieno miltelių
Plakta grietinėlė, patiekimui (nebūtina)

INSTRUKCIJOS

Įkaitinkite orkaitę iki 350°F. Ištepkite sviestu 9x13 colių kepimo indą.

Kruasanus supjaustykite kąsnio dydžio gabalėliais ir sudėkite į paruoštą kepimo formą.

Dideliame dubenyje sumaišykite pieną, grietinėlę, cukrų, kiaušinius, vanilės ekstraktą, druską ir salyklo pieno miltelius, kol gerai susimaišys.

Supilkite mišinį ant kruasanų, įsitikinkite, kad skystis tolygiai pasiskirsto.

Ant duonos pudingo viršaus pabarstykite juodojo šokolado drožlių.

Kepimo indą uždenkite aliuminio folija ir kepkite 35 minutes.

Nuimkite foliją ir toliau kepkite dar 15-20 minučių arba kol duonos pudingas sustings, o viršus taps auksinės spalvos.

Prieš patiekdami duonos pudingą leiskite keletą minučių atvėsti. Jei pageidaujate, užpilkite plakta grietinėle.

8. Šokoladinis migdolinis kruasanas Éclairs

INGRIDIENTAI

„Pate à Choux":

1/2 stiklinės vandens
1/2 stiklinės nenugriebto pieno
1/2 stiklinės nesūdyto sviesto, kubeliais
1/2 arbatinio šaukštelio druskos
1 arbatinis šaukštelis cukraus
1 puodelis universalių miltų
4 dideli kiaušiniai, kambario temperatūros
Šokoladiniam migdolų įdarui:

1 puodelis riebios grietinėlės
1 puodelis pusiau saldaus šokolado drožlių
1/2 puodelio migdolų sviesto
Šokoladiniam glaistui:

1/2 puodelio pusiau saldaus šokolado drožlių
2 šaukštai nesūdyto sviesto
1 valgomasis šaukštas kukurūzų sirupo

INSTRUKCIJOS

Įkaitinkite orkaitę iki 375 ° F. Kepimo skardą išklokite kepimo popieriumi.

Vidutiniame puode sumaišykite vandenį, pieną, sviestą, druską ir cukrų. Kaitinkite ant vidutinės ugnies, kol sviestas ištirps ir mišinys užvirs.

Iš karto suberkite miltus ir intensyviai maišykite mediniu šaukštu, kol masė suformuos rutulį ir atsitrauks nuo keptuvės kraštų.

Nukelkite keptuvę nuo ugnies ir leiskite atvėsti 5 minutes.

Po vieną įmuškite kiaušinius, kiekvieną kartą gerai išplakdami, kol masė taps vientisa ir blizgi.

Įdėkite konditerinį maišelį su dideliu apvaliu antgaliu ir užpildykite choux tešla.

Sudėkite tešlą ant paruoštos kepimo skardos, suformuodami 6 colių ilgio eklerus.

Kepkite 25-30 minučių arba kol taps auksinės rudos spalvos ir išsipūs.

Išimkite iš orkaitės ir leiskite visiškai atvėsti.

Vidutiniame puode įkaitinkite riebią grietinėlę, kol užvirs.

Nukelkite nuo ugnies ir sudėkite šokolado drožles bei migdolų sviestą. Maišykite, kol šokoladas išsilydys ir mišinys taps vientisas.

Kiekvieno eklero apačioje išpjaukite nedidelį plyšelį ir į centrą supilkite įdarą.

Nedideliame puode ant silpnos ugnies, nuolat maišydami, ištirpinkite šokolado drožles, sviestą ir kukurūzų sirupą iki vientisos masės.

Kiekvieno eklero viršų panardinkite į šokoladinį glajų ir padėkite ant grotelių, kad sustingtų.

Nebūtina: pabarstykite griežinėliais pjaustytais migdolais.

9. Šokoladu padengti braškiniai kruasanai

INGRIDIENTAI

6 kruasanai
1/2 puodelio braškių uogienės
1/2 puodelio pusiau saldaus šokolado drožlių
1 valgomasis šaukštas nesūdyto sviesto
1/4 puodelio riebios grietinėlės
Šviežios braškės, supjaustytos griežinėliais (nebūtina)

INSTRUKCIJOS

Įkaitinkite orkaitę iki 375 ° F.

Kiekvieną kruasaną perpjaukite per pusę išilgai.

Kiekvieno raguolio apatinę pusę užtepkite po 1-2 šaukštus braškių uogienės.

Uždėkite viršutinę kiekvieno raguolio pusę ir padėkite ant kepimo skardos.

Kepkite 10–12 minučių arba tol, kol kruasanai taps šviesiai auksinės spalvos.

Nedideliame puode ant silpnos ugnies, nuolat maišydami, ištirpinkite šokolado drožles, sviestą ir riebią grietinėlę iki vientisos masės.

Ištraukite kruasanus iš orkaitės ir leiskite atvėsti keletą minučių.

Kiekvieno raguolio viršų panardinkite į šokolado mišinį, leiskite pertekliui nuvarvėti.

Šokoladu aplietus kruasanus dėkite ant grotelių, kad atvėstų ir sustingtų.

Nebūtina: prieš patiekdami uždėkite šviežių braškių griežinėlių.

10. Šokoladiniai kruasanai

INGRIDIENTAI

Pagrindinė kruasanų tešla (žr. receptą aukščiau)
6 uncijos pusiau saldaus šokolado, supjaustyto
1 kiaušinis išplaktas su 1 šaukštu vandens

INSTRUKCIJOS

Kruasanų tešlą iškočiokite į didelį stačiakampį.

Tešlą supjaustykite trikampiais.

Į kiekvieno trikampio platųjį galą įdėkite nedidelę saują susmulkinto šokolado.

Susukite kiekvieną trikampį, pradėdami nuo plataus galo, ir suformuokite pusmėnulį.

Kruasanus dėkite ant išklotos kepimo skardos, aptepkite kiaušinio plakiniu ir leiskite pakilti 1 val.

Įkaitinkite orkaitę iki 400°F (200°C) ir kepkite raguolius 20-25 minutes, kol taps auksinės rudos spalvos.

11. Duonos ir sviesto kruasanai su tobleronu

Padaro: 4 porcijos

INGRIDIENTAI

- 1 puodelis grietinėlės
- 2 šaukštai smulkaus cukraus
- 1 arbatinis šaukštelis vanilės ekstrakto
- 100g Toblerone pieninio šokolado, susmulkinto gabalėliais
- 6 „Coles Bakery" mini kruasanai
- 2 kiaušiniai
- 16 šaldytų aviečių
- Cukraus pudra, iki dulkių, neprivaloma

INSTRUKCIJOS

a) Įkaitinkite orkaitę iki 180C/160C su ventiliatoriumi. Ištepkite keturis 250 ml orkaitės indus.

b) Dideliame puode išplakti grietinėlę, cukraus pudrą, vanilę ir kiaušinius.

c) Kiekvieną raguolį perpjaukite per pusę horizontaliai, o paskui per pusę skersai.

d) Kruasanus sudėkite į paruoštus patiekalus.

e) Supilkite kiaušinių mišinį ir palikite 10 minučių, kad įsigertų.

f) Šokoladą ir avietes dėkite ant raguolių griežinėlių ir tarp jų.

g) Kepkite 25 minutes arba iki auksinės spalvos ir sustings. Jei norite, pabarstykite cukraus pudra.

12. Toblerone kruasanai

Gamina: 4

- 4 kruasanai
- 125 g tepamo grietinėlės sūrio Philadelphia
- 100 g toblerono pieninio šokolado, stambiai supjaustyto

a) Kruasanus aštriu peiliu supjaustykite horizontaliai. Apatinę kruasanų pusę aptepkite Philly.

b) Pabarstykite Toblerone. Uždarykite dangtį. Suvyniokite raguolius į foliją.

c) Kepkite 150°C temperatūroje 10 minučių arba kol sušils.

13.   Nutella ir bananų kruasanai

INGRIDIENTAI

1 lakštas sluoksniuotos tešlos, atšildytas
1/4 puodelio Nutella
1 bananas, plonais griežinėliais
1 kiaušinis, sumuštas
Cukraus pudra, dulkėms

INSTRUKCIJOS

Įkaitinkite orkaitę iki 400 ° F (200 ° C).
Ant lengvai miltais pabarstyto paviršiaus iškočiokite sluoksniuotos tešlos lakštą iki 12 colių kvadrato.
Supjaustykite kvadratą į 4 mažesnius kvadratus.
Ant kiekvieno kvadrato užtepkite po šaukštą Nutella, palikdami nedidelį kraštelį aplink kraštus.
Ant Nutella uždėkite keletą banano griežinėlių.
Susukite kiekvieną kvadratą nuo vieno kampo iki priešingo kampo, suformuodami kruasano formą.
Kruasanus dėkite ant kepimo popieriumi išklotos skardos.
Kruasanus aptepkite plaktu kiaušiniu.
Kepkite 15-20 minučių, kol kruasanai taps auksinės rudos spalvos ir išsipūs.
Prieš patiekdami apibarstykite cukraus pudra.

14. S'mores kruasanai

INGRIDIENTAI

1 lakštas sluoksniuotos tešlos, atšildytas
1/4 puodelio Nutella
1/4 puodelio mini zefyrų
1/4 puodelio graham krekerių trupinių
1 kiaušinis, sumuštas
Cukraus pudra, dulkėms

INSTRUKCIJOS

Vykdykite „Nutella" ir „bananų kruasanų" instrukcijas (1 receptas), tačiau pjaustytą bananą pakeiskite mini zefyrais ir „Graham" krekerių trupiniais. Prieš patiekdami apibarstykite cukraus pudra.

KRUOŠANŲ SUMUŠTINIAI

15. Pusryčių sumuštiniai su raguoliais

INGRIDIENTAI

- 1 valgomasis šaukštas alyvuogių aliejaus
- 4 dideli kiaušiniai, lengvai sumušti
- Košerinė druska ir šviežiai malti juodieji pipirai pagal skonį
- 8 mini kruasanai, perpjauti per pusę horizontaliai
- 4 uncijos plonai pjaustyto kumpio
- 4 riekelės čederio sūrio, perpjautos per pusę

Kryptys

a) Didelėje keptuvėje ant vidutinės-stiprios ugnies įkaitinkite alyvuogių aliejų. Įmuškite kiaušinius ir švelniai maišydami su silikonine arba karščiui atsparia mentele virkite, kol jie tik pradės stingti; pagardinti druska ir pipirais. Tęskite virti, kol sutirštės ir neliks matomo skysto kiaušinio, 3–5 minutes.

b) Į kruasanus įpilkite kiaušinių, kumpio ir sūrio, kad pagamintumėte 8 sumuštinius. Tvirtai suvyniokite į plastikinę plėvelę ir užšaldykite iki 1 mėnesio.

c) Norėdami pašildyti, nuimkite plastikinę plėvelę nuo šaldyto sumuštinio ir suvyniokite į popierinį rankšluostį. Mikrobangų krosnelėje, apverčiant iki pusės, 1–2 minutes, kol visiškai įkais.

16. Kruivafliai su gvakamole

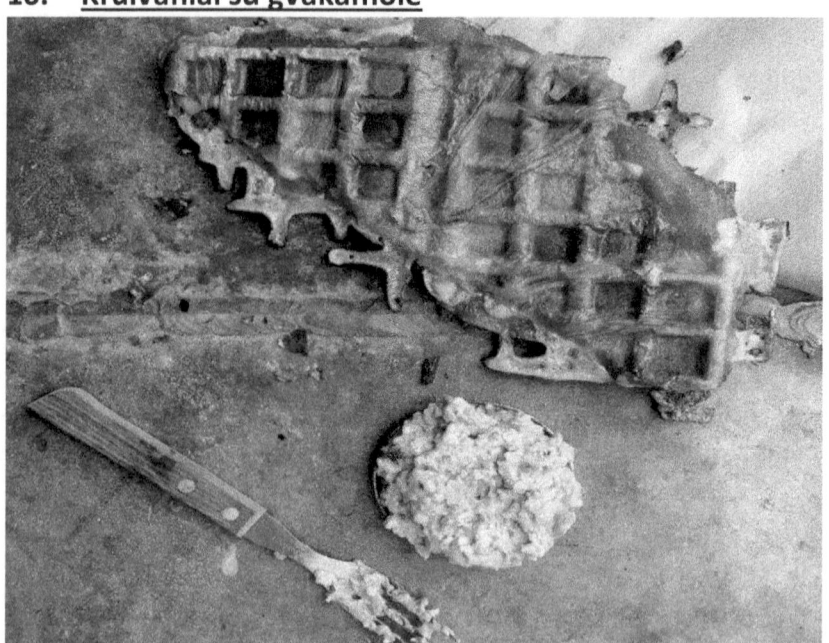

Gamina: 1

INGRIDIENTAI

- 1 kruasanas
- Sviestas
- ⅔ puodelio čederio sūrio
- 3 griežinėliai saliamio
- Gvakamolė

INSTRUKCIJOS

a) Kruasaną perpjaukite pusiau ir iš abiejų pusių patepkite sviestu.

b) Vienoje pusėje sutarkuokite nemažą kiekį sūrio ir įdėkite keletą saliamio griežinėlių.

c) Ant saliamio užtarkuokite daugiau sūrio ir ant viršaus uždėkite kitą kruasano pusę.

d) Įdėkite kruasaną į vaflinę kepimo skardą žemiausioje padėtyje.

e) Tuo tarpu pasigaminkite gvakamolę.

f) Jei norite, kad plutelė būtų ypač sūri, išimkite vaflį iš vaflinės lygintuvo prieš pat jam baigiant virti.

g) Pabarstykite šiek tiek sūrio į vaflinę, ant viršaus uždėkite vaflį ir ant jo pabarstykite dar šiek tiek sūrio.

h) Kepkite, kol išorinis sūrio sluoksnis taps auksinės spalvos.

i) Patiekite su tiek gvakamolės, kiek norite.

kruasanas

17. Klasikinis bekono, kiaušinio ir sūrio kruasanas

INGRIDIENTAI

2 dideli kruasanai
4 griežinėliai šoninės
2 dideli kiaušiniai
2 griežinėliai čederio sūrio
2 šaukštai nesūdyto sviesto
Druska ir pipirai, pagal skonį

INSTRUKCIJOS

Įkaitinkite orkaitę iki 350°F.

Šoninę kepkite keptuvėje ant vidutinės ugnies iki traškumo. Išimkite iš formos ir nusausinkite ant popieriniu rankšluosčiu išklotos lėkštės.

Į nedidelį dubenį įmuškite kiaušinius ir išplakite šakute iki plakimo.

Nelipnioje keptuvėje ant vidutinės-mažos ugnies ištirpinkite 1 valgomąjį šaukštą sviesto. Įmuškite kiaušinius ir virkite, retkarčiais pamaišydami, kol iškeps ir iškeps. Pagardinkite druska ir pipirais, pagal skonį.

Kruasanus perpjaukite per pusę išilgai ir padėkite ant kepimo skardos.

Ant kiekvienos raguolio pusės uždėkite po gabalėlį čederio sūrio.

Ant sūrio uždėkite 2 griežinėlius šoninės ir šaukštą kiaušinienės.

Kruasaną uždarykite kita puse, o viršūnes aptepkite likusiu šaukštu sviesto.

Kepkite įkaitintoje orkaitėje 5-7 minutes arba kol sūris išsilydys ir kruasanai sušils.

Patiekite karštą ir mėgaukitės gardžiu bekono, kiaušinio ir sūrio kruasanu!

18. Apelsinų, migdolų raguolių lipnios bandelės

INGRIDIENTAI

Lipnios bandelės įdarui:

1/2 stiklinės nesūdyto sviesto, suminkštinto
1/2 puodelio granuliuoto cukraus
1/2 stiklinės šviesiai rudojo cukraus
1/4 puodelio medaus
1/2 arbatinio šaukštelio druskos
1 arbatinis šaukštelis vanilės ekstrakto
1/2 arbatinio šaukštelio migdolų ekstrakto
1/2 puodelio pjaustytų migdolų
2 šaukštai apelsino žievelės
Kruasanų tešlai:
1 svaras kruasanų tešlos
Miltai dulkėms

INSTRUKCIJOS

Įkaitinkite orkaitę iki 375 ° F.

Vidutiniame dubenyje išplakite minkštą sviestą, granuliuotą cukrų, šviesiai rudąjį cukrų, medų, druską, vanilės ekstraktą ir migdolų ekstraktą iki vientisos masės.

Įmaišykite pjaustytus migdolus ir apelsino žievelę.

Ant lengvai miltais pabarstyto paviršiaus iškočiokite raguolių tešlą į didelį stačiakampį, maždaug 1/4 colio storio.

Lipnų bandelių įdarą tolygiai paskleiskite ant raguolių tešlos.

Pradėdami nuo ilgosios pusės, tešlą sandariai iškočiokite į rąstą.

Aštriu peiliu supjaustykite rąstą į 12 lygių dalių.

Sudėkite gabalėlius pjaunamąja puse į viršų į riebalais išteptą 9 colių kvadratinį kepimo indą.

Kepkite 25-30 minučių arba tol, kol bandelės taps auksinės rudos spalvos, o įdaras taps burbuliukais.

Išimkite iš orkaitės ir leiskite atvėsti 5-10 minučių.

Lipnias bandeles apverskite ant didelio serviravimo lėkštės.

Patiekite šiltą ir mėgaukitės skaniomis apelsinų migdolų raguolių lipniomis bandelėmis!

19. Jūros gėrybių salotos Kruasanai

INGRIDIENTAI

1/2 svaro virtų krevečių, nuluptų ir nuluptų
1/2 svaro virtos krabų mėsos
1/2 stiklinės majonezo
2 šaukštai grietinės
1 valgomasis šaukštas Dižono garstyčių
1 valgomasis šaukštas citrinos sulčių
1 valgomasis šaukštas smulkintų šviežių krapų
1 valgomasis šaukštas kapotų šviežių česnakų
Druska ir pipirai, pagal skonį
4 kruasanai
Salotų lapai
Pjaustytas pomidoras (nebūtina)

INSTRUKCIJOS

Vidutiniame dubenyje sumaišykite virtas krevetes ir krabų mėsą.

Atskirame dubenyje iki vientisos masės išplakite majonezą, grietinę, Dižono garstyčias, citrinos sultis, krapus, laiškinius česnakus, druską ir pipirus.

Užpilkite padažu ant jūros gėrybių ir išmeskite, kad apsemtų.

Kruasanus perpjaukite per pusę išilgai.

Ant kiekvieno raguolio apatinės pusės išklokite salotų lapus ir griežinėliais supjaustytą pomidorą (jei naudojate).

Ant salotų ir pomidorų uždėkite jūros gėrybių salotas.

Pakeiskite viršutinę kiekvieno raguolio pusę.

Patiekite ir mėgaukitės gardžiais jūros gėrybių salotomis kruasanais!

20. Ant grotelių keptas vištienos pesto kruasanas a La Plancha

INGRIDIENTAI

2 dideli kruasanai
2 vištienos krūtinėlės be kaulų, be odos
Druska ir pipirai, pagal skonį
1/4 puodelio pesto
4 griežinėliai mocarelos sūrio
2 šaukštai nesūdyto sviesto

INSTRUKCIJOS

Įkaitinkite grilį arba grilio keptuvę iki vidutinės-aukštos ugnies.
Vištienos krūtinėles pagardinkite druska ir pipirais.
Vištienos krūtinėles kepkite ant grotelių 6–8 minutes iš kiekvienos pusės arba kol iškeps.
Kruasanus perpjaukite per pusę išilgai.
Kiekvieną kruasanų pusę užtepkite po 1-2 šaukštus pesto.
Ant kiekvienos raguolio pusės uždėkite po gabalėlį mocarelos sūrio.
Ant sūrio uždėkite ant grotelių keptą vištienos krūtinėlę.
Uždarykite kruasaną kita puse.
Ant vidutinės ugnies ištirpinkite 1 šaukštą sviesto neprideegančioje keptuvėje arba ant plančos.
Sudėkite raguolius ant keptuvės arba plančos ir kepkite 2–3 minutes iš kiekvienos pusės arba tol, kol sūris išsilydys, o raguoliai taps traškūs ir auksinės rudos spalvos.
Išimkite iš keptuvės arba plancha ir palikite minutę atvėsti.
Patiekite ir mėgaukitės gardžiu ant grotelių keptu vištienos pesto kruasanu a La Plancha!

21. Gurmaniškas karštas kumpis ir sūris

INGRIDIENTAI

2 dideli kruasanai
4 griežinėliai kumpio
4 griežinėliai šveicariško sūrio
1 valgomasis šaukštas Dižono garstyčių
1 valgomasis šaukštas medaus
1 valgomasis šaukštas nesūdyto sviesto
Šviežios petražolės, kapotos (nebūtina)

INSTRUKCIJOS

Įkaitinkite orkaitę iki 375 ° F.

Kruasanus perpjaukite per pusę išilgai.

Ant kiekvieno raguolio apatinės pusės užtepkite 1/2 šaukšto Dižono garstyčių.

Garstyčias uždėkite 2 griežinėliais kumpio ir 2 griežinėliais šveicariško sūrio.

Ant sūrio užpilkite 1/2 šaukšto medaus.

Kruasaną uždarykite viršutine puse.

Nelipnioje keptuvėje ant vidutinės ugnies ištirpinkite 1/2 šaukšto sviesto.

Sudėkite raguolius ant keptuvės ir kepkite 1–2 minutes iš kiekvienos pusės arba tol, kol sūris išsilydys ir raguoliai taps auksinės rudos spalvos.

Kruasanus perkelkite į kepimo skardą.

Kepkite įkaitintoje orkaitėje 5-7 minutes arba kol kruasanai įkais.

Išimkite iš orkaitės ir palikite minutę atvėsti.

Jei naudojate, kruasanus pabarstykite kapotomis petražolėmis.

Patiekite ir mėgaukitės gardžiu gurmanišku karštu kumpiu ir sūriu kruasanu!

22. Kepsnys frites kruasanas su mėlynuoju sūriu

INGRIDIENTAI

2 dideli kruasanai
1 svaras šoninio kepsnio
Druska ir pipirai, pagal skonį
2 šaukštai alyvuogių aliejaus
1 valgomasis šaukštas nesūdyto sviesto
1/2 puodelio trupinto pelėsinio sūrio
1 valgomasis šaukštas kapotų šviežių petražolių (nebūtina)
gruzdintos bulvytės (patiekimui)

INSTRUKCIJOS

Įkaitinkite orkaitę iki 375 ° F.

Šoninį kepsnį pagardinkite druska ir pipirais.

Didelėje keptuvėje ant vidutinės-stiprios ugnies įkaitinkite 2 šaukštus alyvuogių aliejaus.

Įdėkite kepsnį į keptuvę ir kepkite 3–4 minutes iš kiekvienos pusės arba tol, kol iškeps iki norimo iškepimo.

Išimkite kepsnį iš keptuvės ir palikite keletą minučių pailsėti, prieš supjaustydami jį plonais griežinėliais.

Kruasanus perpjaukite per pusę išilgai.

Ant kiekvieno raguolio apatinės pusės uždėkite keletą kepsnio griežinėlių.

Ant kepsnio apibarstykite trupintu pelėsiniu sūriu.

Kruasaną uždarykite viršutine puse.

Nelipnioje keptuvėje ant vidutinės ugnies ištirpinkite 1/2 šaukšto sviesto.

Sudėkite raguolius ant keptuvės ir kepkite 1–2 minutes iš kiekvienos pusės arba tol, kol sūris išsilydys ir raguoliai taps auksinės rudos spalvos.

Kruasanus perkelkite į kepimo skardą.

Kepkite įkaitintoje orkaitėje 5-7 minutes arba kol kruasanai įkais.

Išimkite iš orkaitės ir palikite minutę atvėsti.

Jei naudojate, kruasanus pabarstykite kapotomis petražolėmis.

Patiekite su gruzdintomis bulvytėmis ir mėgaukitės gardžiu kepsnių kruasanu su mėlynojo sūrio trupiniais!

RIEŠUTINIAI KRUOŠANAI

23. Pistacijų kruasanai

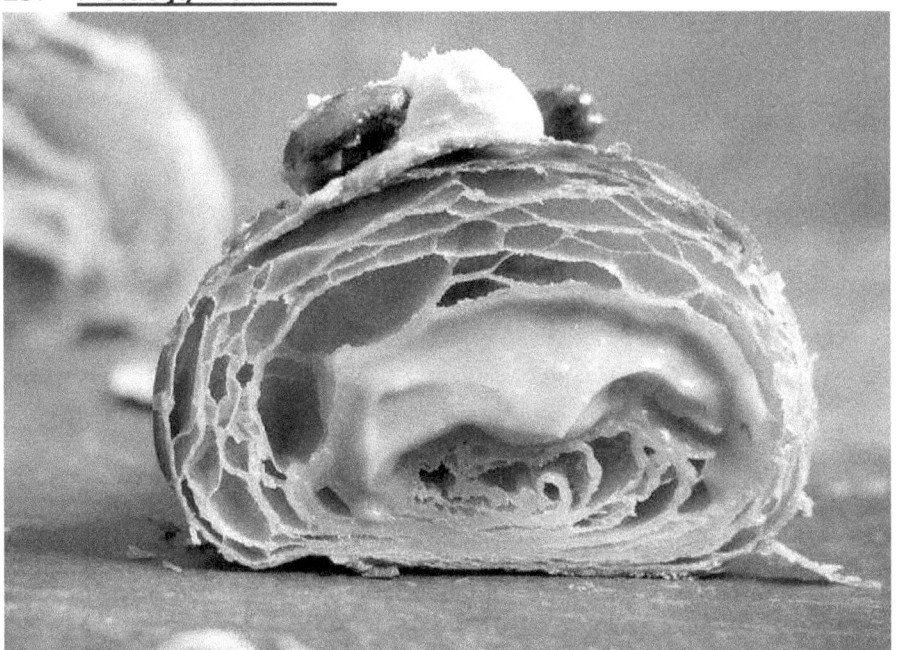

INGRIDIENTAI

Pagrindinė kruasanų tešla (žr. receptą aukščiau)

1 puodelis pistacijų, pjaustytų

1/4 puodelio granuliuoto cukraus

1/4 puodelio nesūdyto sviesto, suminkštinto

1 kiaušinis išplaktas su 1 šaukštu vandens

INSTRUKCIJOS

Kruasanų tešlą iškočiokite į didelį stačiakampį.

Tešlą supjaustykite trikampiais.

Dubenyje sumaišykite pjaustytas pistacijas, cukrų ir minkštą sviestą.

Ant kiekvieno raguolio apatinės pusės paskleiskite pistacijų mišinį.

Uždėkite viršutinę raguolio pusę ir švelniai paspauskite žemyn.

Kruasanus dėkite ant išklotos kepimo skardos, aptepkite kiaušinio plakiniu ir leiskite pakilti 1 val.

Įkaitinkite orkaitę iki 400°F (200°C) ir kepkite raguolius 20-25 minutes, kol taps auksinės rudos spalvos.

24. Lazdyno riešutų šokoladiniai kruasanai

INGRIDIENTAI

Pagrindinė kruasanų tešla (žr. receptą aukščiau)
1/2 puodelio lazdyno riešutų, susmulkintų
1/2 puodelio šokolado drožlių
1/4 puodelio granuliuoto cukraus
1/4 puodelio nesūdyto sviesto, suminkštinto
1 kiaušinis išplaktas su 1 šaukštu vandens

INSTRUKCIJOS

Kruasanų tešlą iškočiokite į didelį stačiakampį.

Tešlą supjaustykite trikampiais.

Dubenyje sumaišykite susmulkintus lazdyno riešutus, šokolado drožles, cukrų ir minkštą sviestą.

Ant kiekvieno raguolio apatinės pusės paskleiskite lazdyno riešutų šokolado mišinį.

Uždėkite viršutinę raguolio pusę ir švelniai paspauskite žemyn.

Kruasanus dėkite ant išklotos kepimo skardos, aptepkite kiaušinio plakiniu ir leiskite pakilti 1 val.

Įkaitinkite orkaitę iki 400°F (200°C) ir kepkite raguolius 20-25 minutes, kol taps auksinės rudos spalvos.

25. Pekano cinamono kruasanai

INGRIDIENTAI

Pagrindinė kruasanų tešla (žr. receptą aukščiau)
1 puodelis pekano riešutų, susmulkintų
1/4 puodelio granuliuoto cukraus
1/4 puodelio nesūdyto sviesto, suminkštinto
1 arbatinis šaukštelis cinamono
1 kiaušinis išplaktas su 1 šaukštu vandens

INSTRUKCIJOS

Kruasanų tešlą iškočiokite į didelį stačiakampį.
Tešlą supjaustykite trikampiais.
Dubenyje sumaišykite susmulkintus pekano riešutus, cukrų, minkštą sviestą ir cinamoną.
Pekano mišinį paskleiskite ant kiekvieno kruasano apatinės pusės.
Uždėkite viršutinę raguolio pusę ir švelniai paspauskite žemyn.
Kruasanus dėkite ant išklotos kepimo skardos, aptepkite kiaušinio plakiniu ir leiskite pakilti 1 val.
Įkaitinkite orkaitę iki 400°F (200°C) ir kepkite raguolius 20-25 minutes, kol taps auksinės rudos spalvos.

26. Graikinių riešutų kruasanai

INGRIDIENTAI

Pagrindinė kruasanų tešla (žr. receptą aukščiau)
1 puodelis graikinių riešutų, susmulkintų
1/4 puodelio granuliuoto cukraus
1/4 puodelio nesūdyto sviesto, suminkštinto
1 kiaušinis išplaktas su 1 šaukštu vandens

INSTRUKCIJOS

Kruasanų tešlą iškočiokite į didelį stačiakampį.

Tešlą supjaustykite trikampiais.

Dubenyje sumaišykite susmulkintus graikinius riešutus, cukrų ir minkštą sviestą.

Ant kiekvieno raguolio apatinės pusės paskleiskite graikinių riešutų mišinį.

Uždėkite viršutinę raguolio pusę ir švelniai paspauskite žemyn.

Kruasanus dėkite ant išklotos kepimo skardos, aptepkite kiaušinio plakiniu ir leiskite pakilti 1 val.

Įkaitinkite orkaitę iki 400°F (200°C) ir kepkite raguolius 20-25 minutes, kol taps auksinės rudos spalvos.

27. Sumaišyti riešutų kruasanai

INGRIDIENTAI

Pagrindinė kruasanų tešla (žr. receptą aukščiau)
1/2 puodelio migdolų, susmulkintų
1/2 puodelio lazdyno riešutų, susmulkintų
1/2 puodelio pekano riešutų, susmulkintų
1/4 puodelio granuliuoto cukraus
1/4 puodelio nesūdyto sviesto, suminkštinto
1 kiaušinis išplaktas su 1 šaukštu vandens

INSTRUKCIJOS

Kruasanų tešlą iškočiokite į didelį stačiakampį.

Tešlą supjaustykite trikampiais.

Dubenyje sumaišykite smulkintus migdolus, lazdyno riešutus, pekano riešutus, cukrų ir minkštą sviestą.

Sumaišytą riešutų mišinį paskleiskite ant kiekvieno kruasano apatinės pusės.

Uždėkite viršutinę raguolio pusę ir švelniai paspauskite žemyn.

Kruasanus dėkite ant išklotos kepimo skardos, aptepkite kiaušinio plakiniu ir leiskite pakilti 1 val.

Įkaitinkite orkaitę iki 400°F (200°C) ir kepkite raguolius 20-25 minutes, kol taps auksinės rudos spalvos.

28. Šokoladiniai lazdyno riešutų kruasanai

INGRIDIENTAI

Pagrindinė kruasanų tešla (žr. receptą aukščiau)

1/2 puodelio Nutella arba šokoladinio lazdyno riešutų užtepėlės

1/4 puodelio kapotų lazdyno riešutų

1 kiaušinis išplaktas su 1 šaukštu vandens

INSTRUKCIJOS

Kruasanų tešlą iškočiokite į didelį stačiakampį.

Tešlą supjaustykite trikampiais.

Ant kiekvieno kruasano apatinės pusės paskleiskite ploną Nutella sluoksnį.

Ant Nutella pabarstykite kapotų lazdyno riešutų.

Uždėkite viršutinę raguolio pusę ir švelniai paspauskite žemyn.

Kruasanus dėkite ant išklotos kepimo skardos, aptepkite kiaušinio plakiniu ir leiskite pakilti 1 val.

Įkaitinkite orkaitę iki 400°F (200°C) ir kepkite raguolius 20-25 minutes, kol taps auksinės rudos spalvos.

29. Migdolų džiaugsmo kruasanai

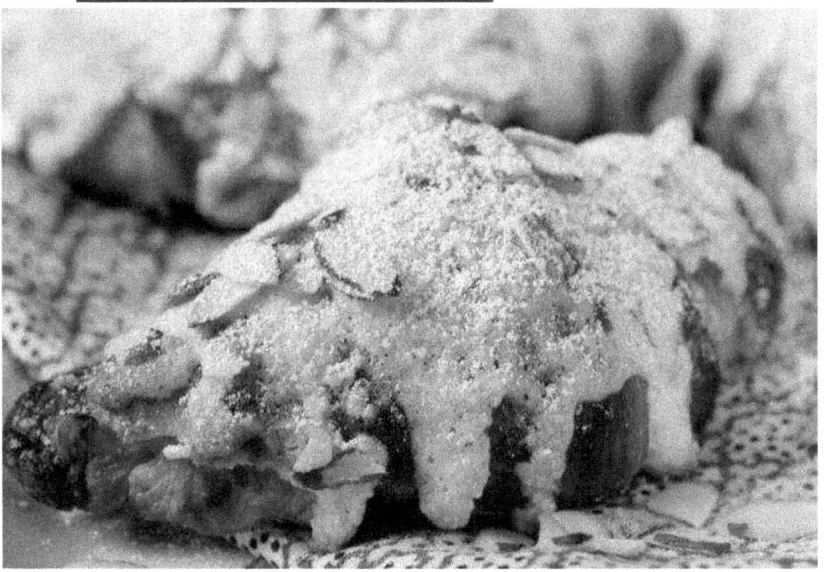

INGRIDIENTAI

Pagrindinė kruasanų tešla (žr. receptą aukščiau)
1/2 puodelio saldinto susmulkinto kokoso
1/2 puodelio kapotų migdolų
1/2 puodelio pusiau saldaus šokolado drožlių
1 kiaušinis išplaktas su 1 šaukštu vandens

INSTRUKCIJOS

Kruasanų tešlą iškočiokite į didelį stačiakampį.

Tešlą supjaustykite trikampiais.

Dubenyje sumaišykite susmulkintą kokosą, smulkintus migdolus ir šokolado drožles.

Ant kiekvieno kruasano apatinės pusės paskleiskite kokosų mišinį.

Uždėkite viršutinę raguolio pusę ir švelniai paspauskite žemyn.

Kruasanus dėkite ant išklotos kepimo skardos, aptepkite kiaušinio plakiniu ir leiskite pakilti 1 val.

Įkaitinkite orkaitę iki 400°F (200°C) ir kepkite raguolius 20-25 minutes, kol taps auksinės rudos spalvos.

30. Migdoliniai kruasanai

INGRIDIENTAI

6 kruasanai, vienadieniai
1 puodelis migdolų miltų
1/2 stiklinės cukraus pudros
1/4 puodelio nesūdyto sviesto, suminkštinto
1 kiaušinis
1 arbatinis šaukštelis vanilės ekstrakto
1/2 arbatinio šaukštelio migdolų ekstrakto
1/4 arbatinio šaukštelio druskos
1/4 puodelio pjaustytų migdolų
Cukraus pudra, skirta dulkinimui

INSTRUKCIJOS

Įkaitinkite orkaitę iki 350°F (175°C).

Kruasanus perpjaukite per pusę išilgai ir atidėkite į šalį.

Dubenyje sumaišykite migdolų miltus, cukraus pudrą, sviestą, kiaušinį, vanilės ekstraktą, migdolų ekstraktą ir druską.

Migdolų mišinį paskleiskite ant kiekvieno kruasano apatinės pusės ir pabarstykite griežinėliais pjaustytais migdolais.

Uždėkite viršutinę raguolio pusę ir švelniai paspauskite žemyn.

Išdėliokite raguolius ant kepimo skardos ir kepkite 15-20 minučių, kol įdaras taps auksinės spalvos, o kruasanas – traškus.

Prieš patiekdami apibarstykite cukraus pudra.

31. Aviečių migdolų kruasanai

INGRIDIENTAI

Pagrindinė kruasanų tešla (žr. receptą aukščiau)

1/2 puodelio aviečių uogienės

1/2 puodelio pjaustytų migdolų

1 kiaušinis išplaktas su 1 šaukštu vandens

INSTRUKCIJOS

Kruasanų tešlą iškočiokite į didelį stačiakampį.

Tešlos paviršių tolygiai paskleiskite aviečių uogienę.

Ant uogienės pabarstykite griežinėliais pjaustytus migdolus.

Tešlą supjaustykite trikampiais.

Kiekvieną trikampį iškočiokite į kruasano formą.

Kruasanus dėkite ant išklotos kepimo skardos, aptepkite kiaušinio plakiniu ir leiskite pakilti 1 val.

Įkaitinkite orkaitę iki 400°F (200°C) ir kepkite raguolius 20-25 minutes, kol taps auksinės rudos spalvos.

VAISINIAI KRUASANTAI

32. Mėlynių kruasanai

INGRIDIENTAI

Pagrindinė kruasanų tešla (žr. receptą aukščiau)
1 puodelis šviežių mėlynių
1/4 puodelio granuliuoto cukraus
1 valgomasis šaukštas kukurūzų krakmolo
1 kiaušinis išplaktas su 1 šaukštu vandens

INSTRUKCIJOS

Kruasanų tešlą iškočiokite į didelį stačiakampį.

Mažame dubenyje sumaišykite mėlynes, cukrų ir kukurūzų krakmolą.

Mėlynių mišinį tolygiai paskirstykite ant tešlos paviršiaus.

Tešlą supjaustykite trikampiais.

Kiekvieną trikampį iškočiokite į kruasano formą.

Kruasanus dėkite ant išklotos kepimo skardos, aptepkite kiaušinio plakiniu ir leiskite pakilti 1 val.

Įkaitinkite orkaitę iki 400°F (200°C) ir kepkite raguolius 20-25 minutes, kol taps auksinės rudos spalvos.

33. Aviečių kruasanai

INGRIDIENTAI

Pagrindinė kruasanų tešla (žr. receptą aukščiau)
1 puodelis šviežių aviečių
1/4 puodelio granuliuoto cukraus
1 kiaušinis išplaktas su 1 šaukštu vandens

INSTRUKCIJOS

Kruasanų tešlą iškočiokite į didelį stačiakampį.
Tešlą supjaustykite trikampiais.
Ant kiekvieno raguolio uždėkite šviežių aviečių.
Avietes pabarstykite granuliuotu cukrumi.
Susukite kiekvieną trikampį, pradėdami nuo plataus galo, ir suformuokite pusmėnulį.
Raguolius dėkite ant išklotos kepimo skardos ir leiskite pakilti 1 val.
Įkaitinkite orkaitę iki 400°F (200°C) ir kepkite kruasanus 20-25 minutes, kol taps auksinės rudos spalvos.

34. Persikų kruasanai

INGRIDIENTAI

Pagrindinė kruasanų tešla (žr. receptą aukščiau)
2 prinokę persikai, nulupti ir supjaustyti kubeliais
1/4 puodelio granuliuoto cukraus
1/2 arbatinio šaukštelio malto cinamono
1 kiaušinis išplaktas su 1 šaukštu vandens

INSTRUKCIJOS

Kruasanų tešlą iškočiokite į didelį stačiakampį.

Mažame dubenyje sumaišykite kubeliais pjaustytus persikus, cukrų ir cinamoną.

Persikų mišinį tolygiai paskirstykite ant tešlos paviršiaus.

Tešlą supjaustykite trikampiais.

Kiekvieną trikampį iškočiokite į kruasano formą.

Kruasanus dėkite ant išklotos kepimo skardos, aptepkite kiaušinio plakiniu ir leiskite pakilti 1 val.

Įkaitinkite orkaitę iki 400°F (200°C) ir kepkite raguolius 20-25 minutes, kol taps auksinės rudos spalvos.

35. Mišrūs uogų kruasanai

INGRIDIENTAI

Pagrindinė kruasanų tešla (žr. receptą aukščiau)
1/2 puodelio mišrių uogų (pvz., mėlynių, aviečių ir gervuogių)
1/4 puodelio granuliuoto cukraus
1 valgomasis šaukštas kukurūzų krakmolo
1 kiaušinis išplaktas su 1 šaukštu vandens

INSTRUKCIJOS

Kruasanų tešlą iškočiokite į didelį stačiakampį.
Nedideliame dubenyje sumaišykite sumaišytas uogas, cukrų ir kukurūzų krakmolą.
Uogų mišinį tolygiai paskirstykite ant tešlos paviršiaus.
Tešlą supjaustykite trikampiais.
Kiekvieną trikampį iškočiokite į kruasano formą.
Kruasanus dėkite ant išklotos kepimo skardos, aptepkite kiaušinio plakiniu ir leiskite pakilti 1 val.
Įkaitinkite orkaitę iki 400°F (200°C) ir kepkite raguolius 20-25 minutes, kol taps auksinės rudos spalvos.

36.   Obuolių fritter Croissant Bake

Padaro: 6 porcijos

INGRIDIENTAI

- 6 v.š. nesūdytas sviestas
- ½ stiklinės šviesiai rudojo cukraus
- 3 „Granny Smith" obuoliai, nulupti ir supjaustyti kubeliais
- 3 Fuji obuoliai su šerdimi ir kubeliais
- ½ puodelio plius 1 valgomasis šaukštas. obuolių sviesto
- 1 arbatinis šaukštelis kukurūzų krakmolo
- 6 dideli kruasanai, supjaustyti kubeliais
- ½ puodelio riebios grietinėlės
- 3 plakti kiaušiniai
- 1 arbatinis šaukštelis vanilės ekstrakto
- ¼ arbatinio šaukštelio obuolių pyrago prieskonių
- ½ stiklinės cukraus pudros

INSTRUKCIJOS

a) Įkaitinkite orkaitę iki 375°. Apipurkškite 9 x 13 kepimo skardą nepridegančiu kepimo purškalu. Į didelę keptuvę ant vidutinės ugnies sudėkite sviestą. Kai sviestas ištirps, suberkite rudąjį cukrų. Maišykite, kol rudasis cukrus ištirps.

b) Sudėkite obuolius į keptuvę. Maišykite, kol susimaišys. Virkite 6 minutes arba tol, kol obuoliai suminkštės. Į keptuvę įpilkite 1 šaukštą obuolių sviesto ir kukurūzų krakmolo. Maišykite, kol susimaišys. Nuimkite keptuvę nuo ugnies.

c) Kepimo skardoje paskleiskite kruasano kubelius. Ant viršaus uždėkite obuolius. Į maišymo dubenį įpilkite riebios grietinėlės, kiaušinių, vanilės ekstrakto, obuolių pyrago prieskonių ir ½ puodelio obuolių sviesto. Plakite iki vientisos masės ir užpilkite ant troškintuvo viršaus.

d) Įsitikinkite, kad raguolių kubeliai yra padengti skysčiu.

e) Kepkite 25 minutes arba tol, kol troškinys sustings centre.

f) Išimkite iš orkaitės ir viršų pabarstykite cukraus pudra. Patiekite šiltą.

37. Mėlynių citrininiai kruasanai

INGRIDIENTAI

Pagrindinė kruasanų tešla (žr. receptą aukščiau)
1/2 puodelio mėlynių
2 šaukštai granuliuoto cukraus
1 valgomasis šaukštas kukurūzų krakmolo
1 valgomasis šaukštas citrinos žievelės
1 kiaušinis išplaktas su 1 šaukštu vandens

INSTRUKCIJOS

Kruasanų tešlą iškočiokite į didelį stačiakampį.
Mažame dubenyje sumaišykite mėlynes, cukrų, kukurūzų krakmolą ir citrinos žievelę.
Mėlynių mišinį tolygiai paskirstykite ant tešlos paviršiaus.
Tešlą supjaustykite trikampiais.
Kiekvieną trikampį iškočiokite į kruasano formą.
Kruasanus dėkite ant išklotos kepimo skardos, aptepkite kiaušinio plakiniu ir leiskite pakilti 1 val.
Įkaitinkite orkaitę iki 400°F (200°C) ir kepkite raguolius 20-25 minutes, kol taps auksinės rudos spalvos.

38. Spanguolių ir apelsinų kruasanai

INGRIDIENTAI

1 lakštas sluoksniuotos tešlos, atšildytas
1/4 puodelio spanguolių padažo
1/4 puodelio apelsinų marmelado
1/4 puodelio pjaustytų migdolų
1 kiaušinis, sumuštas
Cukraus pudra, dulkėms

INSTRUKCIJOS

Įkaitinkite orkaitę iki 375 ° F (190 ° C).

Ant lengvai miltais pabarstyto paviršiaus sluoksniuotą tešlą iškočiokite į didelį stačiakampį. Tešlą supjaustykite į 4 vienodus trikampius.

Dubenyje sumaišykite spanguolių padažą, apelsinų marmeladą ir pjaustytus migdolus.

Ant plačiausios kiekvieno trikampio dalies paskleiskite po šaukštą mišinio. Susukite kruasanus nuo plačiausio galo link taško.

Kruasanus dėkite ant kepimo popieriumi išklotos skardos ir aptepkite plaktu kiaušiniu.

Kepkite 15-20 minučių, kol kruasanai taps auksinės rudos spalvos ir traškūs.

Prieš patiekdami apibarstykite cukraus pudra.

39. Ananasiniai kruasanai

INGRIDIENTAI

1 lakštas sluoksniuotos tešlos, atšildytas
1 skardinė susmulkintų ananasų, nusausintų
1/4 puodelio rudojo cukraus
1/4 stiklinės nesūdyto sviesto, lydyto
1 kiaušinis, sumuštas
Cukraus pudra, dulkėms

INSTRUKCIJOS

Įkaitinkite orkaitę iki 375 ° F (190 ° C).
Ant lengvai miltais pabarstyto paviršiaus sluoksniuotą tešlą iškočiokite į didelį stačiakampį. Tešlą supjaustykite į 4 vienodus trikampius.
Dubenyje sumaišykite susmulkintus ananasus, rudąjį cukrų ir lydytą sviestą.
Ant plačiausios kiekvieno trikampio dalies paskleiskite po šaukštą ananasų mišinio. Susukite kruasanus nuo plačiausio galo link taško.
Kruasanus dėkite ant kepimo popieriumi išklotos skardos ir aptepkite plaktu kiaušiniu.
Kepkite 15-20 minučių, kol kruasanai taps auksinės rudos spalvos ir traškūs.
Prieš patiekdami apibarstykite cukraus pudra.

40. Slyvų kruasanai

INGRIDIENTAI

1 lakštas sluoksniuotos tešlos, atšildytas
4-5 slyvos, plonai supjaustytos
2 šaukštai medaus
1/4 stiklinės migdolų miltų
1 kiaušinis, sumuštas
Cukraus pudra, dulkėms

INSTRUKCIJOS

Įkaitinkite orkaitę iki 375 ° F (190 ° C).

Ant lengvai miltais pabarstyto paviršiaus sluoksniuotą tešlą iškočiokite į didelį stačiakampį. Tešlą supjaustykite į 4 vienodus trikampius.

Dubenyje sumaišykite supjaustytas slyvas, medų ir migdolų miltus.

Ant plačiausios kiekvieno trikampio dalies paskleiskite po šaukštą slyvų mišinio. Susukite kruasanus nuo plačiausio galo link taško.

Kruasanus dėkite ant kepimo popieriumi išklotos skardos ir aptepkite plaktu kiaušiniu.

Kepkite 15-20 minučių, kol kruasanai taps auksinės rudos spalvos ir traškūs.

Prieš patiekdami apibarstykite cukraus pudra.

MĖSINGI KRUOŠANAI

41. Dešros ir kiaušinių kruasanai

INGRIDIENTAI

Pagrindinė kruasanų tešla (žr. receptą aukščiau)
6 virtos pusryčių dešrelės, supjaustytos
6 dideli kiaušinienė, plakta
Druska ir pipirai pagal skonį
1 kiaušinis išplaktas su 1 šaukštu vandens

INSTRUKCIJOS

Kruasanų tešlą iškočiokite į didelį stačiakampį.

Tešlą supjaustykite trikampiais.

Ant kiekvieno raguolio uždėkite po kelias dešros riekeles ir šaukštelį kiaušinienės.

Pabarstykite druska ir pipirais.

Uždėkite viršutinę raguolio pusę ir švelniai paspauskite žemyn.

Kruasanus dėkite ant išklotos kepimo skardos, aptepkite kiaušinio plakiniu ir leiskite pakilti 1 val.

Įkaitinkite orkaitę iki 175°C (350°F) ir kepkite raguolius 15-20 minučių, kol kiaušinis sustings ir raguolis taps traškus.

42.   Kumpio ir sūrio kruasanai

INGRIDIENTAI

6 kruasanai
6 griežinėliai kumpio
6 griežinėliai šveicariško sūrio
1 kiaušinis išplaktas su 1 šaukštu vandens
Druska ir pipirai pagal skonį
INSTRUKCIJOS
Įkaitinkite orkaitę iki 350°F (175°C).
Kruasanus perpjaukite per pusę išilgai ir atidėkite į šalį.
Ant kiekvieno raguolio uždėkite po gabalėlį kumpio ir sūrio.
Pabarstykite druska ir pipirais.
Uždėkite viršutinę raguolio pusę ir švelniai paspauskite žemyn.
Sudėkite kruasanus ant kepimo skardos ir aptepkite kiaušinių plakiniu.
Kepkite 15-20 minučių, kol sūris išsilydys, o kruasanas taps traškus.

43. Aštrios dešros kruasanai

INGRIDIENTAI

Pagrindinė kruasanų tešla (žr. receptą aukščiau)
6 aštrios dešros nuorodos, virtos ir supjaustytos
1/4 puodelio susmulkinto pipirinio sūrio
1 kiaušinis išplaktas su 1 šaukštu vandens

INSTRUKCIJOS

Kruasanų tešlą iškočiokite į didelį stačiakampį.

Tešlą supjaustykite trikampiais.

Ant kiekvieno raguolio apatinės pusės paskleiskite pjaustytą aštrią dešrą ir susmulkintą pipirų sūrį.

Uždėkite viršutinę raguolio pusę ir švelniai paspauskite žemyn.

Kruasanus dėkite ant išklotos kepimo skardos, aptepkite kiaušinio plakiniu ir leiskite pakilti 1 val.

Įkaitinkite orkaitę iki 400°F (200°C) ir kepkite raguolius 20-25 minutes, kol taps auksinės rudos spalvos.

44. Aštrūs Buffalo vištienos kruasanai

INGRIDIENTAI

Pagrindinė kruasanų tešla (žr. receptą aukščiau)
1 puodelis susmulkintos virtos vištienos
1/4 puodelio buivolių padažo
1/4 puodelio trupinto pelėsinio sūrio
1 kiaušinis išplaktas su 1 šaukštu vandens

INSTRUKCIJOS

Kruasanų tešlą iškočiokite į didelį stačiakampį.
Tešlą supjaustykite trikampiais.
Dubenyje sumaišykite susmulkintą virtą vištieną, buivolių padažą ir trupintą pelėsinį sūrį.
Vištienos mišinį paskleiskite ant kiekvieno kruasano apatinės pusės.
Uždėkite viršutinę raguolio pusę ir švelniai paspauskite žemyn.
Kruasanus dėkite ant išklotos kepimo skardos, aptepkite kiaušinio plakiniu ir leiskite pakilti 1 val.
Įkaitinkite orkaitę iki 400°F (200°C) ir kepkite raguolius 20-25 minutes, kol taps auksinės rudos spalvos.

45. Aštrūs Chorizo kruasanai

INGRIDIENTAI

Pagrindinė kruasanų tešla (žr. receptą aukščiau)

6 uncijos. chorizo dešra, sutrupinta ir virta

1/4 puodelio susmulkinto pipirinio sūrio

1/4 puodelio kubeliais pjaustytų pomidorų

1 kiaušinis išplaktas su 1 šaukštu vandens

INSTRUKCIJOS

Kruasanų tešlą iškočiokite į didelį stačiakampį.

Tešlą supjaustykite trikampiais.

Ant kiekvieno kruasano apatinės pusės paskleiskite susmulkintą, išvirtą chorizo, susmulkintą pipirų sūrį ir kubeliais pjaustytus pomidorus.

Uždėkite viršutinę raguolio pusę ir švelniai paspauskite žemyn.

Kruasanus dėkite ant išklotos kepimo skardos, aptepkite kiaušinio plakiniu ir leiskite pakilti 1 val.

Įkaitinkite orkaitę iki 400°F (200°C) ir kepkite raguolius 20-25 minutes, kol taps auksinės rudos spalvos.

46. Aštrūs pipiriniai kruasanai

INGRIDIENTAI

Pagrindinė kruasanų tešla (žr. receptą aukščiau)
6 uncijos. pjaustytų pipirų
1/4 puodelio susmulkinto mocarelos sūrio
1/4 puodelio pjaustytų žaliųjų paprikų
1 kiaušinis išplaktas su 1 šaukštu vandens

INSTRUKCIJOS

Kruasanų tešlą iškočiokite į didelį stačiakampį.

Tešlą supjaustykite trikampiais.

Ant kiekvieno raguolio apatinės pusės paskleiskite pjaustytą pepperoni, susmulkintą mocarelos sūrį ir kubeliais pjaustytas žaliąsias paprikas.

Uždėkite viršutinę raguolio pusę ir švelniai paspauskite žemyn.

Kruasanus dėkite ant išklotos kepimo skardos, aptepkite kiaušinio plakiniu ir leiskite pakilti 1 val.

Įkaitinkite orkaitę iki 400°F (200°C) ir kepkite raguolius 20-25 minutes, kol taps auksinės rudos spalvos.

47. Sviestiniai raguolių sluoksniai su prosciutto

Gamina: 8

INGRIDIENTAI

- 3 šaukštai sūdyto sviesto, plonais griežinėliais, plius dar tepimui
- 6 kruasanai, grubiai suplėšyti į trečdalius
- 8 dideli kiaušiniai
- 3 puodeliai nenugriebto pieno
- 1 valgomasis šaukštas Dižono garstyčių
- 1 valgomasis šaukštas kapotų šviežių šalavijų
- ¼ arbatinio šaukštelio šviežiai tarkuoto muskato riešuto
- Košerinė druska ir šviežiai malti pipirai
- 12 uncijų šaldytų špinatų, atšildytų ir išspaustų sausai
- 1½ puodelio tarkuoto Gouda sūrio
- 1½ puodelio susmulkinto Gruyère sūrio
- 3 uncijos plonais griežinėliais pjaustytas prosciutto, suplėšytas

INSTRUKCIJOS

a) Įkaitinkite orkaitę iki 350°F. 9 × 13 colių kepimo formą ištepkite riebalais.

b) Kruasanus išdėliokite kepimo formos dugne ir aptepkite griežinėliais supjaustytu sviestu. Kepkite, kol lengvai apskrus, 5–8 minutes. Išimkite ir leiskite atvėsti keptuvėje, kol neliks karšta, maždaug 10 minučių.

c) Vidutiniame dubenyje suplakite kiaušinius, pieną, garstyčias, šalavijus, muskato riešutą ir žiupsnelį druskos bei pipirų. Įmaišykite špinatus ir ¾ puodelio kiekvieno sūrio. Atsargiai supilkite mišinį ant skrudintų kruasanų, tolygiai paskirstydami. Pabarstykite likusiu sūriu ir pridėkite prosciutto, kad baigtumėte. Uždenkite ir šaldykite bent 30 minučių arba per naktį.

d) Kai būsite pasiruošę kepti, išimkite sluoksnius iš šaldytuvo ir įkaitinkite orkaitę iki 350 °F.

e) Kepkite, kol sustings sluoksnių centras, apie 45 minutes. Jei kruasanai pradeda ruduoti dar nebaigus virti, uždenkite juos folija ir kepkite toliau.

f) Išimkite sluoksnius iš orkaitės ir leiskite atvėsti 5 minutes prieš patiekdami.

Prieskoniais pagardinti KRUOŠANAI

48. Cinamoniniai cukrūs kruasanai

INGRIDIENTAI

Pagrindinė kruasanų tešla (žr. receptą aukščiau)
1/4 puodelio granuliuoto cukraus
1 valgomasis šaukštas malto cinamono
1/2 stiklinės nesūdyto sviesto, lydyto

INSTRUKCIJOS

Kruasanų tešlą iškočiokite į didelį stačiakampį.

Tešlą supjaustykite trikampiais.

Mažame dubenyje sumaišykite cukrų ir cinamoną.

Kiekvieną kruasaną aptepkite tirpintu sviestu ir pabarstykite cinamoniniu cukrumi.

Susukite kiekvieną trikampį, pradėdami nuo plataus galo, ir suformuokite pusmėnulį.

Raguolius dėkite ant išklotos kepimo skardos ir leiskite pakilti 1 val.

Įkaitinkite orkaitę iki 400°F (200°C) ir kepkite raguolius 20-25 minutes, kol taps auksinės rudos spalvos.

49. Aštrūs Jalapeño kruasanai

INGRIDIENTAI

Pagrindinė kruasanų tešla (žr. receptą aukščiau)

2 jalapenos, išskobtos ir supjaustytos kubeliais

1/4 puodelio susmulkinto čederio sūrio

1/4 arbatinio šaukštelio kmynų

1 kiaušinis išplaktas su 1 šaukštu vandens

Druska ir pipirai pagal skonį

INSTRUKCIJOS

Kruasanų tešlą iškočiokite į didelį stačiakampį.

Tešlą supjaustykite trikampiais.

Dubenyje sumaišykite kubeliais pjaustytas jalapenjas, susmulkintą čederio sūrį, kmynus, druską ir pipirus.

Jalapeño mišinį paskleiskite ant kiekvieno kruasano apatinės pusės.

Uždėkite viršutinę raguolio pusę ir švelniai paspauskite žemyn.

Kruasanus dėkite ant išklotos kepimo skardos, aptepkite kiaušinio plakiniu ir leiskite pakilti 1 val.

Įkaitinkite orkaitę iki 400°F (200°C) ir kepkite raguolius 20-25 minutes, kol taps auksinės rudos spalvos.

50. Kardamono kruasanai

INGRIDIENTAI

Pagrindinė kruasanų tešla (žr. receptą aukščiau)
2 arbatiniai šaukšteliai malto kardamono
1/2 stiklinės nesūdyto sviesto, lydyto
1 kiaušinis išplaktas su 1 šaukštu vandens

INSTRUKCIJOS

Kruasanų tešlą iškočiokite į didelį stačiakampį.

Mažame dubenyje sumaišykite maltą kardamoną ir lydytą sviestą.

Kardamono sviesto mišinį ištepkite ant tešlos paviršiaus.

Tešlą supjaustykite trikampiais.

Kiekvieną trikampį iškočiokite į kruasano formą.

Kruasanus dėkite ant išklotos kepimo skardos, aptepkite kiaušinio plakiniu ir leiskite pakilti 1 val.

Įkaitinkite orkaitę iki 400°F (200°C) ir kepkite raguolius 20-25 minutes, kol taps auksinės rudos spalvos.

51. Imbieriniai kruasanai

INGRIDIENTAI

Pagrindinė kruasanų tešla (žr. receptą aukščiau)
2 arbatinius šaukštelius malto imbiero
1 arbatinis šaukštelis malto cinamono
1/4 arbatinio šaukštelio maltų gvazdikėlių
1/4 arbatinio šaukštelio malto muskato riešuto
1/2 stiklinės nesūdyto sviesto, lydyto
1/4 puodelio melasos
1 kiaušinis išplaktas su 1 šaukštu vandens

INSTRUKCIJOS

Kruasanų tešlą iškočiokite į didelį stačiakampį.
Mažame dubenyje sumaišykite maltą imbierą, maltą cinamoną, maltus gvazdikėlius, maltą muskato riešutą, lydytą sviestą ir melasą.
Tešlos paviršių ištepkite meduolių mišiniu.
Tešlą supjaustykite trikampiais.
Kiekvieną trikampį iškočiokite į kruasano formą.
Kruasanus dėkite ant išklotos kepimo skardos, aptepkite kiaušinio plakiniu ir leiskite pakilti 1 val.
Įkaitinkite orkaitę iki 400°F (200°C) ir kepkite raguolius 20-25 minutes, kol taps auksinės rudos spalvos.

52. Kario kruasanai

INGRIDIENTAI

Pagrindinė kruasanų tešla (žr. receptą aukščiau)
2 arbatiniai šaukšteliai kario miltelių
1/2 stiklinės nesūdyto sviesto, lydyto
1 kiaušinis išplaktas su 1 šaukštu vandens
INSTRUKCIJOS
Kruasanų tešlą iškočiokite į didelį stačiakampį.
Mažame dubenyje sumaišykite kario miltelius ir lydytą sviestą.
Kario sviesto mišinį ištepkite ant tešlos paviršiaus.
Tešlą supjaustykite trikampiais.
Kiekvieną trikampį iškočiokite į kruasano formą.
Kruasanus dėkite ant išklotos kepimo skardos, aptepkite kiaušinio plakiniu ir leiskite pakilti 1 val.
Įkaitinkite orkaitę iki 400°F (200°C) ir kepkite raguolius 20-25 minutes, kol taps auksinės rudos spalvos.

53. Paprikos kruasanai

INGRIDIENTAI

Pagrindinė kruasanų tešla (žr. receptą aukščiau)
2 arbatiniai šaukšteliai paprikos
1/2 stiklinės nesūdyto sviesto, lydyto
1 kiaušinis išplaktas su 1 šaukštu vandens

INSTRUKCIJOS

Kruasanų tešlą iškočiokite į didelį stačiakampį.

Nedideliame dubenyje sumaišykite papriką ir lydytą sviestą.

Paprikos sviesto mišinį ištepkite ant tešlos paviršiaus.

Tešlą supjaustykite trikampiais.

Kiekvieną trikampį iškočiokite į kruasano formą.

Kruasanus dėkite ant išklotos kepimo skardos, aptepkite kiaušinio plakiniu ir leiskite pakilti 1 val.

Įkaitinkite orkaitę iki 400°F (200°C) ir kepkite raguolius 20-25 minutes, kol taps auksinės rudos spalvos.

54. Čili kruasanai

INGRIDIENTAI

Pagrindinė kruasanų tešla (žr. receptą aukščiau)
1/2 arbatinio šaukštelio čili miltelių
1/2 arbatinio šaukštelio kajeno pipirų
1/2 stiklinės nesūdyto sviesto, lydyto
1 kiaušinis išplaktas su 1 šaukštu vandens

INSTRUKCIJOS

Kruasanų tešlą iškočiokite į didelį stačiakampį.
Mažame dubenyje sumaišykite čili miltelius, kajeno pipirus ir lydytą sviestą.
Čili sviesto mišinį ištepkite ant tešlos paviršiaus.
Tešlą supjaustykite trikampiais.
Kiekvieną trikampį iškočiokite į kruasano formą.
Kruasanus dėkite ant išklotos kepimo skardos, aptepkite kiaušinio plakiniu ir leiskite pakilti 1 val.
Įkaitinkite orkaitę iki 400°F (200°C) ir kepkite raguolius 20-25 minutes, kol taps auksinės rudos spalvos.

55. Obuolių cinamono kruasanai

INGRIDIENTAI

Pagrindinė kruasanų tešla (žr. receptą aukščiau)
2 obuoliai, nulupti ir supjaustyti kubeliais
1/4 puodelio granuliuoto cukraus
1 arbatinis šaukštelis malto cinamono
1/2 stiklinės nesūdyto sviesto, lydyto
1 kiaušinis išplaktas su 1 šaukštu vandens

INSTRUKCIJOS

Kruasanų tešlą iškočiokite į didelį stačiakampį.
Nedideliame dubenyje sumaišykite kubeliais pjaustytus obuolius, cukrų ir cinamoną.
Obuolių mišinį tolygiai paskirstykite ant tešlos paviršiaus.
Tešlos paviršių ištepkite tirpintu sviestu.
Tešlą supjaustykite trikampiais.
Kiekvieną trikampį iškočiokite į kruasano formą.
Kruasanus dėkite ant išklotos kepimo skardos, aptepkite kiaušinio plakiniu ir leiskite pakilti 1 val.
Įkaitinkite orkaitę iki 400°F (200°C) ir kepkite raguolius 20-25 minutes, kol taps auksinės rudos spalvos.

SŪRIŲ KRUOŠANAI

56.   Mėlynių ir grietinėlės sūrio kruasanai

INGRIDIENTAI

Pagrindinė kruasanų tešla (žr. receptą aukščiau)
4 uncijos grietinėlės sūrio, suminkštintas
1/4 puodelio mėlynių konservų
1 kiaušinis išplaktas su 1 šaukštu vandens
Cukraus pudra, skirta dulkinimui

INSTRUKCIJOS

Kruasanų tešlą iškočiokite į didelį stačiakampį.

Tešlą supjaustykite trikampiais.

Dubenyje sumaišykite kreminį sūrį ir mėlynių konservus.

Ant kiekvieno kruasano apatinės pusės paskleiskite kreminio sūrio mišinį.

Uždėkite viršutinę raguolio pusę ir švelniai paspauskite žemyn.

Kruasanus dėkite ant išklotos kepimo skardos, aptepkite kiaušinio plakiniu ir leiskite pakilti 1 val.

Įkaitinkite orkaitę iki 400°F (200°C) ir kepkite raguolius 20-25 minutes, kol taps auksinės rudos spalvos.

Prieš patiekdami apibarstykite cukraus pudra.

57. Šoninė ir Čederio kruasanai

INGRIDIENTAI

Pagrindinė kruasanų tešla (žr. receptą aukščiau)

6 griežinėliai šoninės, išvirti ir sutrupinti

1 puodelis susmulkinto čederio sūrio

1 kiaušinis išplaktas su 1 šaukštu vandens

INSTRUKCIJOS

Kruasanų tešlą iškočiokite į didelį stačiakampį.

Tešlą supjaustykite trikampiais.

Ant kiekvieno trikampio pabarstykite susmulkintą čederio sūrį ir trupintą šoninę.

Susukite kiekvieną trikampį, pradėdami nuo plataus galo, ir suformuokite pusmėnulį.

Raguolius dėkite ant išklotos kepimo skardos ir leiskite pakilti 1 val.

Įkaitinkite orkaitę iki 400 °F (200 °C) ir aptepkite kruasanus kiaušinių plovimu.

Kepkite raguolius 20-25 minutes, kol pasidarys auksinės rudos spalvos, o sūris išsilydys.

58. Špinatai ir feta kruasanai

INGRIDIENTAI

Pagrindinė kruasanų tešla (žr. receptą aukščiau)
1 puodelis šviežių špinatų, susmulkintų
1/2 puodelio trupinto fetos sūrio
1 kiaušinis išplaktas su 1 šaukštu vandens

INSTRUKCIJOS

Kruasanų tešlą iškočiokite į didelį stačiakampį.

Tešlą supjaustykite trikampiais.

Ant kiekvieno trikampio sudėkite pjaustytus špinatus ir trupintą fetos sūrį.

Susukite kiekvieną trikampį, pradėdami nuo plataus galo, ir suformuokite pusmėnulį.

Raguolius dėkite ant išklotos kepimo skardos ir leiskite pakilti 1 val.

Įkaitinkite orkaitę iki 400 °F (200 °C) ir aptepkite kruasanus kiaušinių plovimu.

Kepkite raguolius 20-25 minutes, kol pasidarys auksinės rudos spalvos, o sūris išsilydys.

59. Varškės kruasanai

Padaro: 12 ritinių

INGRIDIENTAI

TEŠLAI:

- ⅔ puodelio pieno
- 1¼ puodelio (150 g) varškės ¼ puodelio (60 g, 2 uncijos) sviesto
- 1 kiaušinis
- ⅓ puodelio (60 g, 2,4 uncijos) cukraus
- 4 puodeliai (500 g, 18 uncijų) universalių miltų
- 1 arbatinis šaukštelis vanilinio cukraus
- 1½ arbatinio šaukštelio aktyvių sausų mielių
- ½ arbatinio šaukštelio druskos

GLAZUI:

- 1 kiaušinio trynys
- 2 šaukštai pieno
- 2 šaukštai migdolų, susmulkintų

INSTRUKCIJOS

a) Tešlą minkyti duonos mašinoje. Leiskite pailsėti ir pakilti 45 minutes.

b) Paruoštą virti tešlą iškočiokite į 16 colių (40 cm) skersmens apskritimą ir padalinkite į 12 trikampių sektorių. Susukite kiekvieną trikampį, pradedant nuo plataus krašto.

c) Suktinukus sudėkite ant kepimo skardos, padengtos aliejumi išteptu pergamentiniu popieriumi, ir aptepkite glazūros mišiniu. Uždenkite rankšluosčiu ir palikite 30 minučių.

d) Įkaitinkite orkaitę iki 400 laipsnių F (200 laipsnių C).

e) Kepkite įkaitintoje orkaitėje iki auksinės rudos spalvos 15 minučių.

60. Braškių kreminio sūrio kruasanai

INGRIDIENTAI

Pagrindinė kruasanų tešla (žr. receptą aukščiau)

4 uncijos grietinėlės sūrio, suminkštintas

1/4 stiklinės cukraus pudros

1/2 arbatinio šaukštelio vanilės ekstrakto

1/2 puodelio kubeliais pjaustytų braškių

1 kiaušinis išplaktas su 1 šaukštu vandens

INSTRUKCIJOS

Kruasanų tešlą iškočiokite į didelį stačiakampį.

Mažame dubenyje sumaišykite kreminį sūrį, cukraus pudrą ir vanilės ekstraktą.

Kreminio sūrio mišinį tolygiai paskirstykite ant tešlos paviršiaus.

Ant kreminio sūrio mišinio pabarstykite kubeliais pjaustytas braškes.

Tešlą supjaustykite trikampiais.

Kiekvieną trikampį iškočiokite į kruasano formą.

Kruasanus dėkite ant išklotos kepimo skardos, aptepkite kiaušinio plakiniu ir leiskite pakilti 1 val.

Įkaitinkite orkaitę iki 400°F (200°C) ir kepkite raguolius 20-25 minutes, kol taps auksinės rudos spalvos.

61. Aviečių ir grietinėlės sūrio kruasanai

INGRIDIENTAI

Pagrindinė kruasanų tešla (žr. receptą aukščiau)

4 uncijos grietinėlės sūrio, suminkštintas

1/4 puodelio aviečių konservų

1 kiaušinis išplaktas su 1 šaukštu vandens

Cukraus pudra, skirta dulkinimui

INSTRUKCIJOS

Kruasanų tešlą iškočiokite į didelį stačiakampį.

Tešlą supjaustykite trikampiais.

Dubenyje sumaišykite kreminį sūrį ir aviečių konservus.

Ant kiekvieno kruasano apatinės pusės paskleiskite kreminio sūrio mišinį.

Uždėkite viršutinę raguolio pusę ir švelniai paspauskite žemyn.

Kruasanus dėkite ant išklotos kepimo skardos, aptepkite kiaušinio plakiniu ir leiskite pakilti 1 val.

Įkaitinkite orkaitę iki 400°F (200°C) ir kepkite raguolius 20-25 minutes, kol taps auksinės rudos spalvos.

Prieš patiekdami apibarstykite cukraus pudra.

62. Persikų ir grietinėlės sūrio kruasanai

INGRIDIENTAI

Pagrindinė kruasanų tešla (žr. receptą aukščiau)

1/2 puodelio kreminio sūrio, suminkštinto

1/4 stiklinės cukraus pudros

1/2 arbatinio šaukštelio vanilės ekstrakto

1 prinokęs persikas, nuluptas ir supjaustytas griežinėliais

1 kiaušinis išplaktas su 1 šaukštu vandens

INSTRUKCIJOS

Kruasanų tešlą iškočiokite į didelį stačiakampį.

Mažame dubenyje sumaišykite kreminį sūrį, cukraus pudrą ir vanilės ekstraktą.

Kreminio sūrio mišinį tolygiai paskirstykite ant tešlos paviršiaus.

Ant kreminio sūrio mišinio išdėliokite griežinėliais pjaustytus persikus.

Tešlą supjaustykite trikampiais.

Kiekvieną trikampį iškočiokite į kruasano formą.

Kruasanus dėkite ant išklotos kepimo skardos, aptepkite kiaušinio plakiniu ir leiskite pakilti 1 val.

Įkaitinkite orkaitę iki 400°F (200°C) ir kepkite raguolius 20-25 minutes, kol taps auksinės rudos spalvos.

63. Brie ir obuolių kruasanai

INGRIDIENTAI

1 lakštas sluoksniuotos tešlos, atšildytas
4 uncijos bri sūrio, supjaustyto
1 obuolys, plonais griežinėliais
1 kiaušinis, sumuštas
Mieloji, varvanti

INSTRUKCIJOS

Vadovaukitės klasikinių šokoladinių kruasanų instrukcijomis (1 receptas), bet susmulkintą šokoladą pakeiskite bri sūriu ir pjaustytu obuoliu. Prieš patiekdami apšlakstykite medumi.

64. Picos kruasanai

INGRIDIENTAI

1 lakštas sluoksniuotos tešlos, atšildytas
1/2 puodelio picos padažo
1/2 puodelio susmulkinto mocarelos sūrio
1/4 puodelio pjaustytų pipirų
1 kiaušinis, sumuštas
Itališkas prieskonis, skirtas pabarstyti

INSTRUKCIJOS

Vadovaukitės klasikinių šokoladinių kruasanų instrukcijomis (1 receptas), bet susmulkintą šokoladą pakeiskite picos padažu, susmulkintu mocarelos sūriu ir griežinėliais pjaustytais pipirais. Prieš kepdami pabarstykite itališkais prieskoniais.

GĖLĖS KRUASANTAI

65. Levandų medaus kruasanai

INGRIDIENTAI

Pagrindinė kruasanų tešla (žr. receptą aukščiau)

1/4 puodelio medaus

1 valgomasis šaukštas džiovintų kulinarinių levandų

1 kiaušinis išplaktas su 1 šaukštu vandens

INSTRUKCIJOS

Kruasanų tešlą iškočiokite į didelį stačiakampį.

Tešlą supjaustykite trikampiais.

Mažame dubenyje sumaišykite medų ir levandas.

Ant kiekvieno raguolio apatinės pusės užtepkite ploną sluoksnį levandų medaus.

Uždėkite viršutinę raguolio pusę ir švelniai paspauskite žemyn.

Kruasanus dėkite ant išklotos kepimo skardos, aptepkite kiaušinio plakiniu ir leiskite pakilti 1 val.

Įkaitinkite orkaitę iki 400°F (200°C) ir kepkite raguolius 20-25 minutes, kol taps auksinės rudos spalvos.

66. Rožių žiedlapių kruasanai

INGRIDIENTAI

Pagrindinė kruasanų tešla (žr. receptą aukščiau)
1/4 puodelio džiovintų rožių žiedlapių
1/4 stiklinės cukraus
1 kiaušinis išplaktas su 1 šaukštu vandens

INSTRUKCIJOS

Kruasanų tešlą iškočiokite į didelį stačiakampį.

Tešlą supjaustykite trikampiais.

Dubenyje sumaišykite džiovintus rožių žiedlapius ir cukrų.

Pabarstykite rožių žiedlapių mišinį ant kiekvieno kruasano apatinės pusės.

Uždėkite viršutinę raguolio pusę ir švelniai paspauskite žemyn.

Kruasanus dėkite ant išklotos kepimo skardos, aptepkite kiaušinio plakiniu ir leiskite pakilti 1 val.

Įkaitinkite orkaitę iki 400°F (200°C) ir kepkite raguolius 20-25 minutes, kol taps auksinės rudos spalvos.

67. Apelsinų žiedų kruasanai

INGRIDIENTAI

Pagrindinė kruasanų tešla (žr. receptą aukščiau)
1/4 puodelio apelsinų žiedų vandens
1/4 stiklinės cukraus
1 kiaušinis išplaktas su 1 šaukštu vandens
INSTRUKCIJOS

Kruasanų tešlą iškočiokite į didelį stačiakampį.
Tešlą supjaustykite trikampiais.
Mažame dubenyje sumaišykite apelsinų žiedų vandenį ir cukrų.
Ant kiekvieno kruasano apatinės pusės paskleiskite ploną apelsinų žiedų mišinio sluoksnį.
Uždėkite viršutinę raguolio pusę ir švelniai paspauskite žemyn.
Kruasanus dėkite ant išklotos kepimo skardos, aptepkite kiaušinio plakiniu ir leiskite pakilti 1 val.
Įkaitinkite orkaitę iki 400°F (200°C) ir kepkite raguolius 20-25 minutes, kol taps auksinės rudos spalvos.

68. Ramunėlių kruasanai

INGRIDIENTAI

Pagrindinė kruasanų tešla (žr. receptą aukščiau)

1/4 puodelio ramunėlių arbatos lapelių

1/4 stiklinės cukraus

1 kiaušinis išplaktas su 1 šaukštu vandens

INSTRUKCIJOS

Kruasanų tešlą iškočiokite į didelį stačiakampį.

Tešlą supjaustykite trikampiais.

Dubenyje sumaišykite ramunėlių arbatos lapus ir cukrų.

Pabarstykite ramunėlių cukraus mišinį ant kiekvieno raguolio apatinės pusės.

Uždėkite viršutinę raguolio pusę ir švelniai paspauskite žemyn.

Kruasanus dėkite ant išklotos kepimo skardos, aptepkite kiaušinio plakiniu ir leiskite pakilti 1 val.

Įkaitinkite orkaitę iki 400°F (200°C) ir kepkite raguolius 20-25 minutes, kol taps auksinės rudos spalvos.

69. Hibiscus kruasanai

INGRIDIENTAI

Pagrindinė kruasanų tešla (žr. receptą aukščiau)
1/4 puodelio džiovintų hibisko žiedų
1/4 stiklinės cukraus
1 kiaušinis išplaktas su 1 šaukštu vandens

INSTRUKCIJOS

Kruasanų tešlą iškočiokite į didelį stačiakampį.

Tešlą supjaustykite trikampiais.

Dubenyje sumaišykite džiovintas hibisko žiedus ir cukrų.

Pabarstykite hibiscus cukraus mišinį ant kiekvieno kruasano apatinės pusės.

Uždėkite viršutinę raguolio pusę ir švelniai paspauskite žemyn.

Kruasanus dėkite ant išklotos kepimo skardos, aptepkite kiaušinio plakiniu ir leiskite pakilti 1 val.

Įkaitinkite orkaitę iki 400°F (200°C) ir kepkite raguolius 20-25 minutes, kol taps auksinės rudos spalvos.

70. Jazminų kruasanai

INGRIDIENTAI

Pagrindinė kruasanų tešla (žr. receptą aukščiau)
1/4 puodelio jazminų arbatos lapelių
1/4 stiklinės cukraus
1 kiaušinis išplaktas su 1 šaukštu vandens

INSTRUKCIJOS

Kruasanų tešlą iškočiokite į didelį stačiakampį.
Tešlą supjaustykite trikampiais.
Dubenyje sumaišykite jazminų arbatos lapus ir cukrų.
Ant kiekvieno kruasano apatinės pusės pabarstykite jazminų cukraus mišinį.
Uždėkite viršutinę raguolio pusę ir švelniai paspauskite žemyn.
Kruasanus dėkite ant išklotos kepimo skardos, aptepkite kiaušinio plakiniu ir leiskite pakilti 1 val.
Įkaitinkite orkaitę iki 400°F (200°C) ir kepkite raguolius 20-25 minutes, kol taps auksinės rudos spalvos.

SĖKLŲ KRUOŠANAI

71. Klasikiniai kruasanai su sezamo sėklomis

INGRIDIENTAI

1 1/2 puodelio universalių miltų
1 1/2 šaukštelio aktyvių sausų mielių
1/4 puodelio granuliuoto cukraus
1/2 šaukštelio druskos
2/3 puodelio šilto pieno
1/2 stiklinės nesūdyto sviesto, suminkštinto
1 kiaušinis, sumuštas
1/2 puodelio sezamo sėklų

INSTRUKCIJOS

Dideliame dubenyje sumaišykite miltus, mieles, cukrų ir druską. Gerai ismaisyti.

Į dubenį supilkite šiltą pieną ir minkštą sviestą ir maišykite, kol susidarys tešla.

Minkykite tešlą ant miltais pabarstyto paviršiaus apie 10 minučių iki vientisos ir elastingos masės.

Tešlą dėkite į riebalais išteptą dubenį, uždenkite drėgnu skudurėliu ir palikite šiltoje vietoje kilti apie 1 val.

Įkaitinkite orkaitę iki 375 ° F (190 ° C).

Ant miltais pabarstyto paviršiaus iškočiokite tešlą į maždaug 1/4 colio storio stačiakampį.

Tešlą supjaustykite trikampiais ir kiekvieną trikampį iškočiokite į kruasano formą.

Kruasanus dėkite ant kepimo popieriumi išklotos skardos.

Kruasanus aptepkite plaktu kiaušiniu, ant viršaus pabarstykite sezamo sėklomis.

Kepkite 15-20 minučių arba iki auksinės rudos spalvos.

72. Aguonų kruasanai

INGRIDIENTAI

1 1/2 puodelio universalių miltų
1 1/2 šaukštelio aktyvių sausų mielių
1/4 puodelio granuliuoto cukraus
1/2 šaukštelio druskos
2/3 puodelio šilto pieno
1/2 stiklinės nesūdyto sviesto, suminkštinto
1 kiaušinis, sumuštas
1/2 puodelio aguonų

INSTRUKCIJOS

Vykdykite tas pačias INSTRUKCIJAS, kaip ir klasikiniams kruasanams su sezamo sėklomis, tačiau prieš tepant kruasanus, pabarstykite aguonomis ant išplakto kiaušinio viršaus.

73. Viskas Bagel Croissants

INGRIDIENTAI

1 1/2 puodelio universalių miltų
1 1/2 šaukštelio aktyvių sausų mielių
1/4 puodelio granuliuoto cukraus
1/2 šaukštelio druskos
2/3 puodelio šilto pieno
1/2 stiklinės nesūdyto sviesto, suminkštinto
1 kiaušinis, sumuštas
1/4 puodelio sezamo sėklų
1/4 puodelio aguonų
1/4 puodelio džiovinto malto svogūno
1/4 puodelio džiovinto malto česnako
1 valgomasis šaukštas rupios druskos

INSTRUKCIJOS

Vykdykite tas pačias INSTRUKCIJAS, kaip ir klasikiniams kruasanams su sezamo sėklomis, tačiau vietoj sezamo ar aguonų sumaišykite sezamo sėklas, aguonas, džiovintą svogūną, džiovintą česnaką ir stambią druską.

74. Linų sėmenų kruasanai

INGRIDIENTAI

1 1/2 puodelio universalių miltų
1 1/2 šaukštelio aktyvių sausų mielių
1/4 puodelio granuliuoto cukraus
1/2 šaukštelio druskos
2/3 puodelio šilto pieno
1/2 stiklinės nesūdyto sviesto, suminkštinto
1 kiaušinis, sumuštas
1/2 stiklinės linų sėmenų

INSTRUKCIJOS

Dideliame dubenyje sumaišykite miltus, mieles, cukrų ir druską. Gerai ismaisyti.

Į dubenį supilkite šiltą pieną ir minkštą sviestą ir maišykite, kol susidarys tešla.

Minkykite tešlą ant miltais pabarstyto paviršiaus apie 10 minučių iki vientisos ir elastingos masės.

Tešlą dėkite į riebalais išteptą dubenį, uždenkite drėgnu skudurėliu ir palikite šiltoje vietoje kilti apie 1 val.

Įkaitinkite orkaitę iki 375 ° F (190 ° C).

Ant miltais pabarstyto paviršiaus iškočiokite tešlą į maždaug 1/4 colio storio stačiakampį.

Tešlą supjaustykite trikampiais ir kiekvieną trikampį iškočiokite į kruasano formą.

Kruasanus dėkite ant kepimo popieriumi išklotos skardos.

Kruasanus aptepkite plaktu kiaušiniu, ant viršaus pabarstykite linų sėklomis.

Kepkite 15-20 minučių arba iki auksinės rudos spalvos.

75. Saulėgrąžų sėklų kruasanai

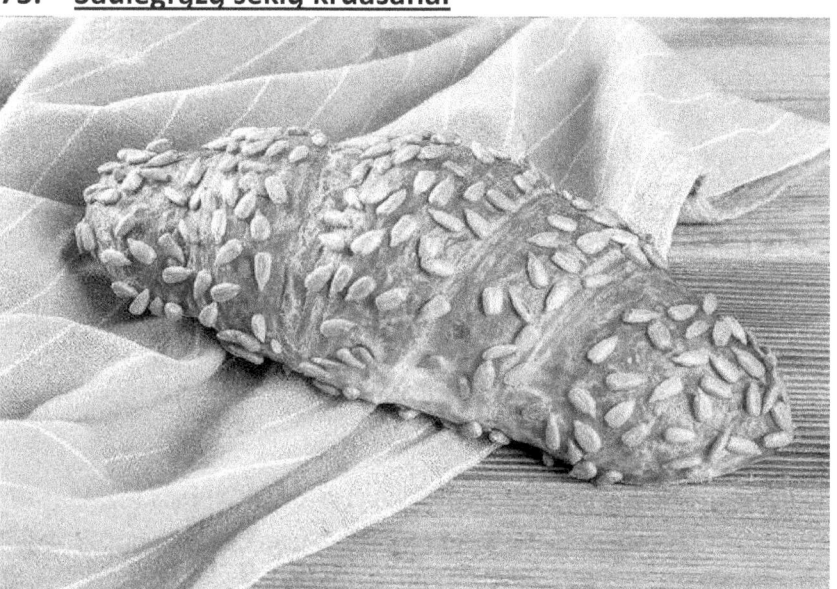

INGRIDIENTAI

1 1/2 puodelio universalių miltų
1 1/2 šaukštelio aktyvių sausų mielių
1/4 puodelio granuliuoto cukraus
1/2 šaukštelio druskos
2/3 puodelio šilto pieno
1/2 stiklinės nesūdyto sviesto, suminkštinto
1 kiaušinis, sumuštas
1/2 puodelio saulėgrąžų sėklų

INSTRUKCIJOS

Vykdykite tas pačias INSTRUKCIJAS, kaip ir klasikiniams kruasanams su sezamo sėklomis, tačiau prieš tepant kruasanus, pabarstykite saulėgrąžų sėklomis ant išplakto kiaušinio.

76. Moliūgų sėklų kruasanai

INGRIDIENTAI

1 1/2 puodelio universalių miltų
1 1/2 šaukštelio aktyvių sausų mielių
1/4 puodelio granuliuoto cukraus
1/2 šaukštelio druskos
2/3 puodelio šilto pieno
1/2 stiklinės nesūdyto sviesto, suminkštinto
1 kiaušinis, sumuštas
1/2 puodelio moliūgų sėklų
INSTRUKCIJOS

Vykdykite tas pačias INSTRUKCIJAS, kaip ir klasikiniams kruasanams su sezamo sėklomis, tačiau prieš tepant kruasanus, pabarstykite moliūgų sėklomis ant išplakto kiaušinio.

77. Juodųjų sezamo sėklų kruasanai

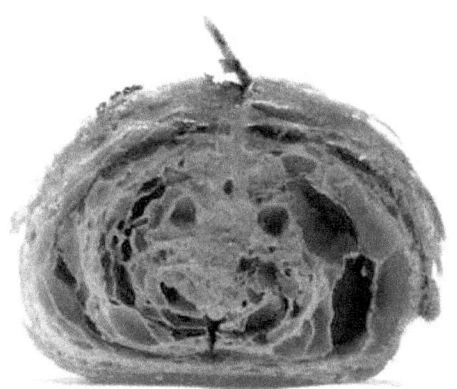

INGRIDIENTAI

1 1/2 puodelio universalių miltų
1 1/2 šaukštelio aktyvių sausų mielių
1/4 puodelio granuliuoto cukraus
1/2 šaukštelio druskos
2/3 puodelio šilto pieno
1/2 stiklinės nesūdyto sviesto, suminkštinto
1 kiaušinis, sumuštas
1/2 puodelio juodųjų sezamų sėklų

INSTRUKCIJOS

Vykdykite tas pačias INSTRUKCIJAS, kaip ir klasikiniams kruasanams su sezamo sėklomis, tačiau vietoj įprastų sezamo sėklų naudokite juodąsias sezamo sėklas.

78. Kanapių sėklų kruasanai

INGRIDIENTAI

1 1/2 puodelio universalių miltų
1 1/2 šaukštelio aktyvių sausų mielių
1/4 puodelio granuliuoto cukraus
1/2 šaukštelio druskos
2/3 puodelio šilto pieno
1/2 stiklinės nesūdyto sviesto, suminkštinto
1 kiaušinis, sumuštas
1/2 puodelio kanapių sėklų

INSTRUKCIJOS

Vykdykite tas pačias INSTRUKCIJAS, kaip ir klasikiniams kruasanams su sezamo sėklomis, tačiau prieš tepant raguolius, ant išplakto kiaušinio pabarstykite kanapių sėklų.

79. Daugiasėkliai kruasanai

INGRIDIENTAI

1 1/2 puodelio universalių miltų
1 1/2 šaukštelio aktyvių sausų mielių
1/4 puodelio granuliuoto cukraus
1/2 šaukštelio druskos
2/3 puodelio šilto pieno
1/2 stiklinės nesūdyto sviesto, suminkštinto
1 kiaušinis, sumuštas
1/4 puodelio sezamo sėklų
1/4 puodelio aguonų
1/4 puodelio moliūgų sėklų
1/4 puodelio saulėgrąžų sėklų

INSTRUKCIJOS

Laikykitės tų pačių INSTRUKCIJŲ, kaip ir „Everything Bagel Croissants", tačiau vietoj džiovintų svogūnų ir česnakų naudokite sezamo sėklų, aguonų, moliūgų sėklų ir saulėgrąžų mišinį.

80. Chia sėklų kruasanai

INGRIDIENTAI

1 1/2 puodelio universalių miltų
1 1/2 šaukštelio aktyvių sausų mielių
1/4 puodelio granuliuoto cukraus
1/2 šaukštelio druskos
2/3 puodelio šilto pieno
1/2 stiklinės nesūdyto sviesto, suminkštinto
1 kiaušinis, sumuštas
1/2 puodelio chia sėklų

INSTRUKCIJOS

Vykdykite tas pačias INSTRUKCIJAS, kaip ir klasikiniams kruasanams su sezamo sėklomis, tačiau prieš tepant kruasanus, ant išplakto kiaušinio pabarstykite chia sėklų.

81. Quinoa sėklų kruasanai

INGRIDIENTAI

1 1/2 puodelio universalių miltų
1 1/2 šaukštelio aktyvių sausų mielių
1/4 puodelio granuliuoto cukraus
1/2 šaukštelio druskos
2/3 puodelio šilto pieno
1/2 stiklinės nesūdyto sviesto, suminkštinto
1 kiaušinis, sumuštas
1/2 puodelio quinoa sėklų

INSTRUKCIJOS

Vykdykite tas pačias INSTRUKCIJAS, kaip ir klasikiniams kruasanams su sezamo sėklomis, tačiau prieš tepant raguolius, ant išplakto kiaušinio pabarstykite quinoa sėklų.

82. Kmynų sėklų kruasanai

INGRIDIENTAI

1 1/2 puodelio universalių miltų
1 1/2 šaukštelio aktyvių sausų mielių
1/4 puodelio granuliuoto cukraus
1/2 šaukštelio druskos
2/3 puodelio šilto pieno
1/2 stiklinės nesūdyto sviesto, suminkštinto
1 kiaušinis, sumuštas
1/2 stiklinės kmynų

INSTRUKCIJOS

Vykdykite tas pačias INSTRUKCIJAS, kaip ir klasikiniams kruasanams su sezamo sėklomis, tačiau vietoj sezamo sėklų naudokite kmynų sėklas.

SALDUS ĮDARAS

83. Moliūgų pyragas kruasanai

INGRIDIENTAI

1 lakštas sluoksniuotos tešlos, atšildytas
1/2 puodelio moliūgų tyrės
1/4 puodelio rudojo cukraus
1 arbatinis šaukštelis malto cinamono
1/4 arbatinio šaukštelio malto muskato riešuto
1/4 arbatinio šaukštelio malto imbiero
1/4 arbatinio šaukštelio druskos
1 kiaušinis, sumuštas
Cukraus pudra, dulkėms

INSTRUKCIJOS

Įkaitinkite orkaitę iki 400 ° F (200 ° C).

Mažame dubenyje sumaišykite moliūgų tyrę, rudąjį cukrų, cinamoną, muskato riešutą, imbierą ir druską. Gerai ismaisyti.

Išskleiskite sluoksniuotos tešlos lakštą ant lengvai miltais pabarstyto paviršiaus. Supjaustykite lakštą į 6 trikampius.

Ant kiekvieno trikampio plataus galo uždėkite po šaukštą moliūgų mišinio.

Tešlą iškočiokite, pradėdami nuo plataus galo ir traukdami šonus.

Kruasanus dėkite ant išklotos kepimo skardos.

Kruasanus aptepkite plaktu kiaušiniu.

Kepkite 15-20 minučių arba tol, kol kruasanai taps auksinės spalvos.

Išimkite iš orkaitės ir palikite kelias minutes atvėsti, prieš apibarstydami cukraus pudra.

Patiekite šiltą ir mėgaukitės!

84. Ledai kruasanai

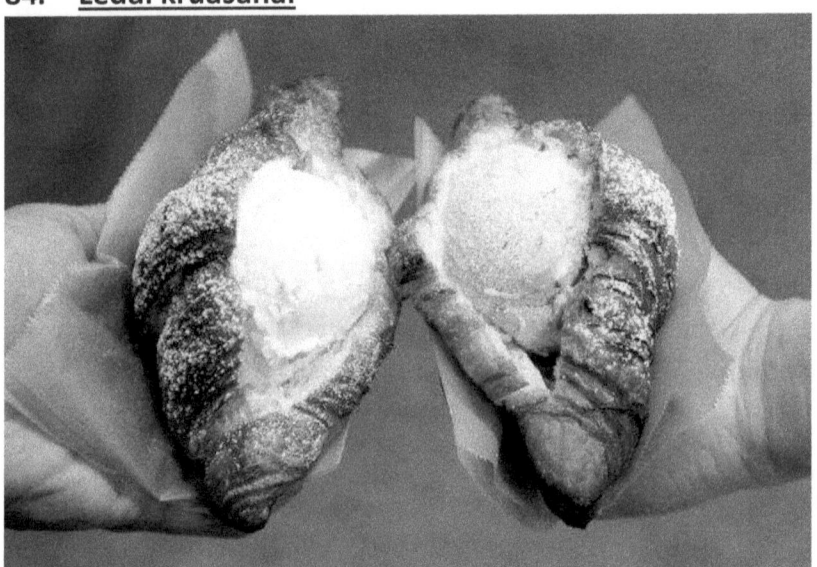

INGRIDIENTAI

1 lakštas sluoksniuotos tešlos, atšildytas
1 litras mėgstamų ledų, suminkštintų
1 kiaušinis, sumuštas
Šokolado padažas, užpilui (nebūtina)
Cukraus pudra, apibarstymui (nebūtina)

INSTRUKCIJOS

Įkaitinkite orkaitę iki 400 ° F (200 ° C).

Ant lengvai miltais pabarstyto paviršiaus iškočiokite sluoksniuotos tešlos lakštą iki maždaug 1/8 colio storio.

Sluoksniuotos tešlos lakštą supjaustykite į 6 stačiakampius.

Ant kiekvieno stačiakampio pusės uždėkite po šaukštą minkštų ledų.

Kitą sluoksniuotos tešlos pusę užlenkite ant ledų ir suspauskite kraštus, kad sustingtų.

Kiekvieną ledų raguolio viršų aptepkite plaktu kiaušiniu.

Sudėkite kruasanus ant išklotos kepimo skardos ir kepkite 15-20 minučių arba iki auksinės rudos spalvos.

Ištraukite kruasanus iš orkaitės ir leiskite atvėsti keletą minučių.

Jei norite, apšlakstykite šokoladiniu padažu ir pabarstykite cukraus pudra.

Patiekite iš karto ir mėgaukitės!

85. Obuoliai Kruasanai

INGRIDIENTAI

1 lakštas sluoksniuotos tešlos, atšildytas
2 vidutiniai obuoliai, nulupti ir smulkiai pjaustyti
2 šaukštai nesūdyto sviesto
2 šaukštai rudojo cukraus
1 arbatinis šaukštelis malto cinamono
1/4 arbatinio šaukštelio malto muskato riešuto
1/4 arbatinio šaukštelio druskos
1 kiaušinis, sumuštas
Cukraus pudra, apibarstymui (nebūtina)

INSTRUKCIJOS

Įkaitinkite orkaitę iki 400 ° F (200 ° C).

Didelėje keptuvėje ant vidutinės ugnies ištirpinkite sviestą.

Į keptuvę suberkite pjaustytus obuolius, rudąjį cukrų, cinamoną, muskato riešutą ir druską. Virkite 5-7 minutes arba tol, kol obuoliai suminkštės.

Ant lengvai miltais pabarstyto paviršiaus iškočiokite sluoksniuotos tešlos lakštą iki maždaug 1/8 colio storio.

Sluoksniuotos tešlos lakštą supjaustykite į 6 trikampius.

Ant kiekvieno trikampio plataus galo uždėkite po šaukštą obuolių mišinio.

Tešlą iškočiokite, pradėdami nuo plataus galo ir traukdami šonus.

Kruasanus dėkite ant išklotos kepimo skardos.

Kruasanus aptepkite plaktu kiaušiniu.

Kepkite 15-20 minučių arba tol, kol kruasanai taps auksinės spalvos.

Išimkite iš orkaitės ir palikite kelias minutes atvėsti, prieš apibarstydami cukraus pudra, jei norite.

Patiekite šiltą ir mėgaukitės!

86. Žemės riešutų sviesto puodeliai Kruasanai

INGRIDIENTAI

1 lakštas sluoksniuotos tešlos, atšildytas

1/2 puodelio kreminio žemės riešutų sviesto

1/4 stiklinės cukraus pudros

1/4 arbatinio šaukštelio druskos

1/2 puodelio šokolado drožlių

1 kiaušinis, sumuštas

INSTRUKCIJOS

Įkaitinkite orkaitę iki 400 ° F (200 ° C).

Mažame dubenyje sumaišykite žemės riešutų sviestą, cukraus pudrą ir druską. Gerai ismaisyti.

Išskleiskite sluoksniuotos tešlos lakštą ant lengvai miltais pabarstyto paviršiaus. Supjaustykite lakštą į 6 trikampius.

Ant kiekvieno trikampio plataus galo uždėkite šaukštą žemės riešutų sviesto mišinio.

Ant žemės riešutų sviesto mišinio pabarstykite šokolado drožles.

Tešlą iškočiokite, pradėdami nuo plataus galo ir traukdami šonus.

Kruasanus dėkite ant išklotos kepimo skardos.

Kruasanus aptepkite plaktu kiaušiniu.

Kepkite 15-20 minučių arba tol, kol kruasanai taps auksinės spalvos.

Išimkite iš orkaitės ir prieš patiekdami leiskite kelias minutes atvėsti.

87. Pekano riešutų įdaru kruasanai

INGRIDIENTAI

1 lakštas sluoksniuotos tešlos, atšildytas
1 puodelis kapotų pekano riešutų
1/2 stiklinės rudojo cukraus
1/4 stiklinės nesūdyto sviesto, lydyto
1 arbatinis šaukštelis vanilės ekstrakto
1/4 arbatinio šaukštelio druskos
1 kiaušinis, sumuštas
Cukraus pudra, apibarstymui (nebūtina)

INSTRUKCIJOS

Įkaitinkite orkaitę iki 400 ° F (200 ° C).

Vidutiniame dubenyje sumaišykite susmulkintus pekano riešutus, rudąjį cukrų, lydytą sviestą, vanilės ekstraktą ir druską.

Išskleiskite sluoksniuotos tešlos lakštą ant lengvai miltais pabarstyto paviršiaus. Supjaustykite lakštą į 6 trikampius.

Ant kiekvieno trikampio plataus galo uždėkite šaukštą pekano riešutų įdaro.

Tešlą iškočiokite, pradėdami nuo plataus galo ir traukdami šonus.

Kruasanus dėkite ant išklotos kepimo skardos.

Kruasanus aptepkite plaktu kiaušiniu.

Kepkite 15-20 minučių arba tol, kol kruasanai taps auksinės spalvos.

Išimkite iš orkaitės ir palikite kelias minutes atvėsti, prieš apibarstydami cukraus pudra, jei norite. Patiekite šiltą ir mėgaukitės!

88. Žemės riešutų sviestas ir želė kruasanai

INGRIDIENTAI

1 lakštas sluoksniuotos tešlos, atšildytas
1/2 puodelio kreminio žemės riešutų sviesto
1/2 puodelio želė (jūsų mėgstamiausias skonis)
1 kiaušinis, sumuštas
INSTRUKCIJOS
Įkaitinkite orkaitę iki 400 ° F (200 ° C).
Ant lengvai miltais pabarstyto paviršiaus iškočiokite sluoksniuotos tešlos lakštą iki maždaug 1/8 colio storio.
Sluoksniuotos tešlos lakštą supjaustykite į 6 trikampius.
Kiekvieno trikampio platųjį galą paskleiskite po šaukštą žemės riešutų sviesto.
Ant žemės riešutų sviesto uždėkite šaukštą želė.
Tešlą iškočiokite, pradėdami nuo plataus galo ir traukdami šonus.
Kruasanus dėkite ant išklotos kepimo skardos.
Kruasanus aptepkite plaktu kiaušiniu.
Kepkite 15-20 minučių arba tol, kol kruasanai taps auksinės spalvos.
Išimkite iš orkaitės ir prieš patiekdami leiskite kelias minutes atvėsti.

89. Uogos ir grietinėlės kruasanai

INGRIDIENTAI

1 lakštas sluoksniuotos tešlos, atšildytas
1/2 puodelio riebios grietinėlės
2 šaukštai cukraus
1/2 arbatinio šaukštelio vanilės ekstrakto
1 puodelis sumaišytų uogų (pvz., braškių, mėlynių ir aviečių)
1 kiaušinis, sumuštas
Cukraus pudra, apibarstymui (nebūtina)

INSTRUKCIJOS

Įkaitinkite orkaitę iki 400 ° F (200 ° C).

Vidutiniame dubenyje išplakite grietinėlę, cukrų ir vanilės ekstraktą, kol susidarys standžios smailės.

Išskleiskite sluoksniuotos tešlos lakštą ant lengvai miltais pabarstyto paviršiaus. Supjaustykite lakštą į 6 trikampius.

Ant kiekvieno trikampio plataus galo uždėkite po šaukštą plaktos grietinėlės.

Ant plaktos grietinėlės uždėkite kelias sumaišytas uogas.

Tešlą iškočiokite, pradėdami nuo plataus galo ir traukdami šonus.

Kruasanus dėkite ant išklotos kepimo skardos.

Kruasanus aptepkite plaktu kiaušiniu.

Kepkite 15-20 minučių arba tol, kol kruasanai taps auksinės spalvos.

Išimkite iš orkaitės ir palikite kelias minutes atvėsti, prieš apibarstydami cukraus pudra, jei norite.

Patiekite šiltą ir mėgaukitės!

90. Vaisiai ir Nutella kruasanai

INGRIDIENTAI

1 lakštas sluoksniuotos tešlos, atšildytas
1/2 puodelio Nutella
1 puodelis mišrių vaisių (pvz., supjaustytų bananų, braškių ir kivi)
1 kiaušinis, sumuštas
Cukraus pudra, apibarstymui (nebūtina)

INSTRUKCIJOS

Įkaitinkite orkaitę iki 400 ° F (200 ° C).

Išskleiskite sluoksniuotos tešlos lakštą ant lengvai miltais pabarstyto paviršiaus. Supjaustykite lakštą į 6 trikampius.

Ant kiekvieno trikampio plataus galo paskleiskite po šaukštą Nutella.

Ant Nutella uždėkite keletą sumaišytų vaisių gabalėlių.

Tešlą iškočiokite, pradėdami nuo plataus galo ir traukdami šonus.

Kruasanus dėkite ant išklotos kepimo skardos.

Kruasanus aptepkite plaktu kiaušiniu.

Kepkite 15-20 minučių arba tol, kol kruasanai taps auksinės spalvos.

Išimkite iš orkaitės ir palikite kelias minutes atvėsti, prieš apibarstydami cukraus pudra, jei norite.

Patiekite šiltą ir mėgaukitės!

91. „Brie" ir „Jam Croissants".

INGRIDIENTAI

1 lakštas sluoksniuotos tešlos, atšildytas
1/2 puodelio Brie sūrio, plonais griežinėliais
1/4 puodelio uogienės (jūsų mėgstamiausias skonis)
1 kiaušinis, sumuštas
INSTRUKCIJOS
Įkaitinkite orkaitę iki 400 ° F (200 ° C).
Ant lengvai miltais pabarstyto paviršiaus iškočiokite sluoksniuotos tešlos lakštą iki maždaug 1/8 colio storio.
Sluoksniuotos tešlos lakštą supjaustykite į 6 trikampius.
Ant kiekvieno trikampio plataus galo uždėkite keletą griežinėlių Brie sūrio.
Ant Brie sūrio uždėkite šaukštą uogienės.
Tešlą iškočiokite, pradėdami nuo plataus galo ir traukdami šonus.
Kruasanus dėkite ant išklotos kepimo skardos.
Kruasanus aptepkite plaktu kiaušiniu.
Kepkite 15-20 minučių arba tol, kol kruasanai taps auksinės spalvos.
Išimkite iš orkaitės ir prieš patiekdami leiskite kelias minutes atvėsti.

PIKŪNŪS ĮDARAI

92. Dešrainiai kruasanai

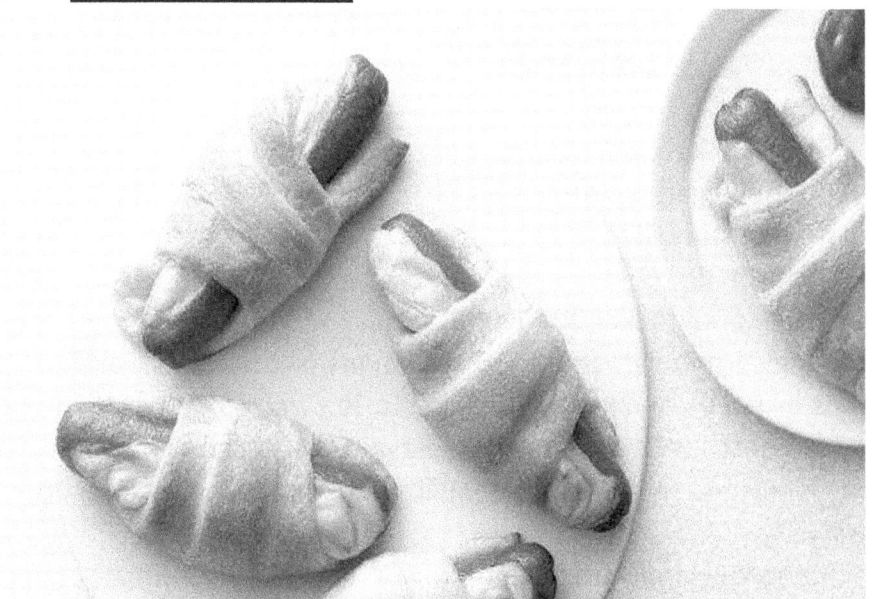

INGRIDIENTAI

1 lakštas sluoksniuotos tešlos, atšildytas
4 dešrainiai
1/4 puodelio kečupo
1/4 puodelio garstyčių
1 kiaušinis, sumuštas

INSTRUKCIJOS

Įkaitinkite orkaitę iki 400 ° F (200 ° C).

Ant lengvai miltais pabarstyto paviršiaus iškočiokite sluoksniuotos tešlos lakštą iki maždaug 1/8 colio storio.

Sluoksniuotos tešlos lakštą supjaustykite į 4 stačiakampius.

Ant kiekvieno stačiakampio užtepkite po šaukštą kečupo ir garstyčių.

Ant vieno kiekvieno stačiakampio galo uždėkite dešrainį.

Tešlą iškočiokite aplink dešrainį, traukdami šonus.

Kruasanus dėkite ant išklotos kepimo skardos.

Kruasanus aptepkite plaktu kiaušiniu.

Kepkite 15-20 minučių arba tol, kol kruasanai taps auksinės spalvos.

Išimkite iš orkaitės ir prieš patiekdami leiskite kelias minutes atvėsti.

93. Šoninės kruasanai

INGRIDIENTAI

1 lakštas sluoksniuotos tešlos, atšildytas
8 griežinėliai šoninės, išvirti ir supjaustyti
1/2 puodelio susmulkinto čederio sūrio
1 kiaušinis, sumuštas

INSTRUKCIJOS

Įkaitinkite orkaitę iki 400 ° F (200 ° C).

Ant lengvai miltais pabarstyto paviršiaus iškočiokite sluoksniuotos tešlos lakštą iki maždaug 1/8 colio storio.

Sluoksniuotos tešlos lakštą supjaustykite į 4 stačiakampius.

Ant kiekvieno stačiakampio užbarstykite susmulkintą šoninę ir susmulkintą čederio sūrį.

Tešlą iškočiokite, pradėdami nuo vieno galo ir traukdami šonus.

Kruasanus dėkite ant išklotos kepimo skardos.

Kruasanus aptepkite plaktu kiaušiniu.

Kepkite 15-20 minučių arba tol, kol kruasanai taps auksinės spalvos.

Išimkite iš orkaitės ir prieš patiekdami leiskite kelias minutes atvėsti.

94. Vištienos parmezano kruasanai

INGRIDIENTAI

1 lakštas sluoksniuotos tešlos, atšildytas
1 puodelis virtos vištienos, susmulkintos arba supjaustytos
1/2 puodelio marinara padažo
1/2 puodelio susmulkinto mocarelos sūrio
1/4 puodelio tarkuoto parmezano sūrio
1 kiaušinis, sumuštas

INSTRUKCIJOS

Įkaitinkite orkaitę iki 400 ° F (200 ° C).

Ant lengvai miltais pabarstyto paviršiaus iškočiokite sluoksniuotos tešlos lakštą iki maždaug 1/8 colio storio.

Sluoksniuotos tešlos lakštą supjaustykite į 4 stačiakampius.

Ant kiekvieno stačiakampio užtepkite po šaukštą marinaros padažo.

Ant kiekvieno stačiakampio įdėkite saują susmulkintos vištienos.

Ant viršaus pabarstykite tarkuotą mocarelos sūrį ir tarkuotą parmezaną.

Tešlą iškočiokite, pradėdami nuo vieno galo ir traukdami šonus.

Kruasanus dėkite ant išklotos kepimo skardos.

Kruasanus aptepkite plaktu kiaušiniu.

Kepkite 15-20 minučių arba tol, kol kruasanai taps auksinės spalvos.

Išimkite iš orkaitės ir prieš patiekdami leiskite kelias minutes atvėsti.

95. Mėsos kukuliai Kruasanai

INGRIDIENTAI

1 lakštas sluoksniuotos tešlos, atšildytas
12-16 mažų kotletų, virti
1/2 puodelio marinara padažo
1/2 puodelio susmulkinto mocarelos sūrio
1/4 puodelio tarkuoto parmezano sūrio
1 kiaušinis, sumuštas

INSTRUKCIJOS

Įkaitinkite orkaitę iki 400 ° F (200 ° C).

Ant lengvai miltais pabarstyto paviršiaus iškočiokite sluoksniuotos tešlos lakštą iki maždaug 1/8 colio storio.

Sluoksniuotos tešlos lakštą supjaustykite į 4 stačiakampius.

Ant kiekvieno stačiakampio užtepkite po šaukštą marinaros padažo.

Ant kiekvieno stačiakampio sudėkite po 3-4 virtus kotletus.

Ant viršaus pabarstykite tarkuotą mocarelos sūrį ir tarkuotą parmezaną.

Tešlą iškočiokite, pradėdami nuo vieno galo ir traukdami šonus.

Kruasanus dėkite ant išklotos kepimo skardos.

Kruasanus aptepkite plaktu kiaušiniu.

Kepkite 15-20 minučių arba tol, kol kruasanai taps auksinės spalvos.

Išimkite iš orkaitės ir prieš patiekdami leiskite kelias minutes atvėsti.

96. Pepperoni kruasanai

INGRIDIENTAI

1 lakštas sluoksniuotos tešlos, atšildytas
1/2 puodelio marinara padažo
1/2 puodelio susmulkinto mocarelos sūrio
1/4 puodelio tarkuoto parmezano sūrio
24 griežinėliai pepperoni
1 kiaušinis, sumuštas

INSTRUKCIJOS

Įkaitinkite orkaitę iki 400 ° F (200 ° C).

Ant lengvai miltais pabarstyto paviršiaus iškočiokite sluoksniuotos tešlos lakštą iki maždaug 1/8 colio storio.

Sluoksniuotos tešlos lakštą supjaustykite į 4 stačiakampius.

Ant kiekvieno stačiakampio užtepkite po šaukštą marinaros padažo.

Ant kiekvieno stačiakampio uždėkite 6 pepperoni griežinėlius.

Ant viršaus pabarstykite tarkuotą mocarelos sūrį ir tarkuotą parmezaną.

Tešlą iškočiokite, pradėdami nuo vieno galo ir traukdami šonus.

Kruasanus dėkite ant išklotos kepimo skardos.

Kruasanus aptepkite plaktu kiaušiniu.

Kepkite 15-20 minučių arba tol, kol kruasanai taps auksinės spalvos.

Išimkite iš orkaitės ir prieš patiekdami leiskite kelias minutes atvėsti.

97. Pesto kruasanai

INGRIDIENTAI

1 lakštas sluoksniuotos tešlos, atšildytas
1/2 puodelio pesto padažo
1/2 puodelio susmulkinto mocarelos sūrio
1/4 puodelio tarkuoto parmezano sūrio
1 kiaušinis, sumuštas

INSTRUKCIJOS

Įkaitinkite orkaitę iki 400 ° F (200 ° C).

Ant lengvai miltais pabarstyto paviršiaus iškočiokite sluoksniuotos tešlos lakštą iki maždaug 1/8 colio storio.

Sluoksniuotos tešlos lakštą supjaustykite į 4 stačiakampius.

Ant kiekvieno stačiakampio užtepkite po šaukštą pesto padažo.

Ant viršaus pabarstykite tarkuotą mocarelos sūrį ir tarkuotą parmezaną.

Tešlą iškočiokite, pradėdami nuo vieno galo ir traukdami šonus.

Kruasanus dėkite ant išklotos kepimo skardos.

Kruasanus aptepkite plaktu kiaušiniu.

Kepkite 15-20 minučių arba tol, kol kruasanai taps auksinės spalvos.

Išimkite iš orkaitės ir prieš patiekdami leiskite kelias minutes atvėsti.

98. Karamelizuoti svogūnų ir ožkos sūrio kruasanai

INGRIDIENTAI

1 lakštas sluoksniuotos tešlos, atšildytas
2 vidutiniai svogūnai, plonais griežinėliais
2 šaukštai nesūdyto sviesto
1 valgomasis šaukštas rudojo cukraus
1/4 arbatinio šaukštelio druskos
4 uncijos ožkos sūrio, susmulkinto
1 kiaušinis, sumuštas

INSTRUKCIJOS

Įkaitinkite orkaitę iki 400 ° F (200 ° C).

Ant lengvai miltais pabarstyto paviršiaus iškočiokite sluoksniuotos tešlos lakštą iki maždaug 1/8 colio storio.

Sluoksniuotos tešlos lakštą supjaustykite į 4 stačiakampius.

Keptuvėje ant vidutinės ugnies ištirpinkite sviestą ir suberkite griežinėliais pjaustytus svogūnus. Kepkite svogūnus apie 10-15 minučių arba kol jie karamelizuosis.

Svogūnus pabarstykite ruduoju cukrumi ir druska ir toliau kepkite dar 1-2 minutes.

Karamelizuotus svogūnus tolygiai paskleiskite ant kiekvieno sluoksniuotos tešlos stačiakampio.

Svogūnus pabarstykite trupintu ožkos sūriu.

Tešlą iškočiokite, pradėdami nuo vieno galo ir traukdami šonus.

Kruasanus dėkite ant išklotos kepimo skardos.

Kruasanus aptepkite plaktu kiaušiniu.

Kepkite 15-20 minučių arba tol, kol kruasanai taps auksinės spalvos. Išimkite iš orkaitės ir prieš patiekdami leiskite kelias minutes atvėsti.

99. Mocarelos ir bazilikų kruasanai

INGRIDIENTAI

1 lakštas sluoksniuotos tešlos, atšildytas
4 uncijos šviežio mocarelos sūrio, supjaustyto
1/4 puodelio susmulkinto šviežio baziliko
1 kiaušinis, sumuštas
Druska ir pipirai, pagal skonį

INSTRUKCIJOS

Įkaitinkite orkaitę iki 400 ° F (200 ° C).

Ant lengvai miltais pabarstyto paviršiaus iškočiokite sluoksniuotos tešlos lakštą iki maždaug 1/8 colio storio.

Sluoksniuotos tešlos lakštą supjaustykite į 4 stačiakampius.

Ant kiekvieno stačiakampio uždėkite keletą griežinėlių mocarelos sūrio.

Sūrį pabarstykite smulkintu šviežiu baziliku.

Pagardinkite druska ir pipirais pagal skonį.

Tešlą iškočiokite, pradėdami nuo vieno galo ir traukdami šonus.

Kruasanus dėkite ant išklotos kepimo skardos.

Kruasanus aptepkite plaktu kiaušiniu.

Kepkite 15-20 minučių arba tol, kol kruasanai taps auksinės spalvos. Išimkite iš orkaitės ir prieš patiekdami leiskite kelias minutes atvėsti.

100. Česnakų ir sūrio kruasanai

INGRIDIENTAI

1 lakštas sluoksniuotos tešlos, atšildytas
4 skiltelės česnako, susmulkintos
1/4 puodelio tarkuoto parmezano sūrio
1/4 puodelio tarkuoto čederio sūrio
1 kiaušinis, sumuštas
Druska ir pipirai, pagal skonį

INSTRUKCIJOS

Įkaitinkite orkaitę iki 400 ° F (200 ° C).

Ant lengvai miltais pabarstyto paviršiaus iškočiokite sluoksniuotos tešlos lakštą iki maždaug 1/8 colio storio.

Sluoksniuotos tešlos lakštą supjaustykite į 4 stačiakampius.

Mažame dubenyje sumaišykite maltą česnaką, parmezano sūrį ir čederio sūrį.

Česnako ir sūrio mišiniu tolygiai pabarstykite kiekvieną sluoksniuotos tešlos stačiakampį.

Pagardinkite druska ir pipirais pagal skonį.

Tešlą iškočiokite, pradėdami nuo vieno galo ir traukdami šonus.

Kruasanus dėkite ant išklotos kepimo skardos.

Kruasanus aptepkite plaktu kiaušiniu.

Kepkite 15-20 minučių arba tol, kol kruasanai taps auksinės spalvos.

Išimkite iš orkaitės ir prieš patiekdami leiskite kelias minutes atvėsti.

IŠVADA

Tikimės, kad jums patiko ši kruasanų kulinarijos knyga ir ji įkvėpė jus išbandyti šiuos skanius pyragus namuose. Su tinkamais ingredientais ir technikomis kiekvienas gali pagaminti tokius pat gerus (jei ne geresnius) raguolius, kuriuos rastumėte prancūziškoje kepyklėlėje. Taigi, nesvarbu, ar ruošiate kruasanus pusryčiams, priešpiečiams ar ypatingai progai, esame įsitikinę, kad ši kulinarijos knyga padės jums kiekvieną kartą sukurti tobulą partiją. Laimingo kepimo!